2022—2023 年中国工业和信息化发展系列蓝皮书

2022—2023 年
中国中小企业发展蓝皮书

中国电子信息产业发展研究院　**编 著**

张小燕　**主 编**

龙 飞　**副主编**

电子工业出版社
Publishing House of Electronics Industry
北京·BEIJING

内 容 简 介

本书共 16 章，包括综述篇、专题篇、政策篇、热点篇和展望篇。通过客观描述中小企业发展情况、相关政策法规及热点事件，深入分析中小企业发展环境，系统梳理中小企业面临的突出问题，科学展望中小企业的发展前景，为读者提供了 2022—2023 年中小企业发展的全景式描述，并通过对中小企业突出问题的专题分析，为读者提供了中小企业发展相关重点领域的深度刻画。本书有助于广大中小企业了解和掌握国家相关政策，同时也为新形势下社会各界开展中小企业相关研究提供参考。

图书在版编目（CIP）数据

2022—2023 年中国中小企业发展蓝皮书 / 中国电子信息产业发展研究院编著；张小燕主编. —北京：电子工业出版社，2023.12
（2022—2023 年中国工业和信息化发展系列蓝皮书）
ISBN 978-7-121-46948-0

Ⅰ. ①2… Ⅱ. ①中… ②张… Ⅲ. ①中小企业－经济发展－研究报告－中国－2022-2023 Ⅳ. ①F279.243

中国国家版本馆 CIP 数据核字（2024）第 004089 号

责任编辑：张佳虹
印　　刷：北京虎彩文化传播有限公司
装　　订：北京虎彩文化传播有限公司
出版发行：电子工业出版社
　　　　　北京市海淀区万寿路 173 信箱　　邮编：100036
开　　本：720×1 000　1/16　印张：11.75　字数：245 千字　彩插：1
版　　次：2023 年 12 月第 1 版
印　　次：2023 年 12 月第 1 次印刷
定　　价：218.00 元

凡所购买电子工业出版社图书有缺损问题，请向购买书店调换。若书店售缺，请与本社发行部联系，联系及邮购电话：（010）88254888，88258888。
质量投诉请发邮件至 zlts@phei.com.cn，盗版侵权举报请发邮件至 dbqq@phei.com.cn。
本书咨询联系方式：（010）88254493；zhangjh@phei.com.cn。

前　言

　　改革开放 40 多年来，我国中小企业从小到大、从弱到强，不断发展壮大。中小企业已成为国民经济和社会发展的主力军，是扩大就业、改善民生、促进创业创新的重要力量，在稳增长、促改革、调结构、惠民生、防风险中也发挥着重要作用。以习近平同志为核心的党中央高度重视中小企业发展工作。在致 2022 全国专精特新中小企业发展大会的贺信中，习近平总书记充分肯定了新时代中小企业的重要地位和作用，对广大中小企业走"专精特新"发展道路提出殷切期望，要求各级党委和政府坚决贯彻落实党中央决策部署，为中小企业的发展营造良好环境，加大对中小企业的支持力度，坚定企业发展信心，着力在推动企业创新上下功夫，加强产权保护，激发涌现更多"专精特新"中小企业。

　　党的二十大报告明确提出，要"坚持和完善社会主义基本经济制度，毫不动摇巩固和发展公有制经济，毫不动摇鼓励、支持、引导非公有制经济发展，充分发挥市场在资源配置中的决定性作用，更好发挥政府作用。""支持中小微企业发展。""实施产业基础再造工程和重大技术装备攻关工程，支持专精特新企业发展，推动制造业高端化、智能化、绿色化发展。"2023 年 7 月 14 日，《中共中央　国务院关于促进民营经济发展壮大的意见》发布，强调要为中小微企业发展创造良好的环境。党中央、国务院出台的系列政策措施，有效提振了广大中小企业的发展信心，为促进中小企业发展工作的开展提供了遵循和指引。工业和信息化部会同各有关部门，与各地、各级中小企业主管部门一道认真履职尽责，不断加大对中小企业的扶持力度；各地、各级中小企业主管部门也结合实际，出台了一系列配套办法和实施意见，各项工作取得积极进展。

2022 年是中小企业发展历程中不平凡的一年，中小企业工作坚持以习近平新时代中国特色社会主义思想为指导，按照党中央、国务院决策部署，扎实推进落实《"十四五"促进中小企业发展规划》，促进中小企业高质量发展。一是建立优质中小企业梯度培育体系。2022 年 6 月，工业和信息化部印发《优质中小企业梯度培育管理暂行办法》（工业和信息化部企业〔2022〕63 号），建立了创新型中小企业、"专精特新"中小企业、专精特新"小巨人"企业梯度培育体系，推动全国省（区、市）出台优质中小企业梯度培育办法。二是提升中小企业创新能力和专业化水平。2022 年 5 月，工业和信息化部联合 11 部门发布《关于开展"携手行动"促进大中小企业融通创新（2022—2025 年）的通知》（工业和信息化部联企业〔2022〕54 号），以期构建大中小企业相互依存、相互促进的发展生态。2022 年 9 月，工业和信息化部出台《促进中小企业特色产业集群发展暂行办法》（工业和信息化部企业〔2022〕119 号），旨在提升产业链供应链韧性和关键环节配套能力，2022 年度培育中小企业特色产业集群 100 个。三是促进中小企业服务机构水平不断提高。中小企业公共服务体系不断完善，2022 年我国首次开展"一起益企"中小企业服务行动，服务机构和载体建设力度不断加大。四是积极缓解中小企业融资难题。间接融资供给质量有效提升，小微企业融资担保业务降费奖补政策效果逐步显现，北京、浙江等多个区域性股权市场建成"专精特新"专班，促进中小企业直接融资。五是切实维护中小企业合法权益。2022 年工业和信息化部会同各地区、各部门开展防范和化解拖欠中小企业账款专项行动，取得显著成效。六是持续提升中小企业国际化水平。成功举办第十一届亚太经济合作组织（APEC）中小企业技术交流暨展览会，加强中小企业国际化发展培训指导，多措并举助力中小企业开拓国际市场。

2023 年是全面贯彻落实党的二十大精神的开局之年，是实施"十四五"规划承上启下的关键一年，也是《中小企业促进法》实施 20 周年。我们要以习近平新时代中国特色社会主义思想为指引，全面贯彻党的二十大和二十届一中全会、二十届二中全会精神，深入落实习近平总书记关于中小企业发展的重要指示批示精神，完整、准确、全面贯彻新发展理念，引导中小企业"专精特新"发展，促进中小企业量质齐升，为提升产业链供应链韧性与安全水平，加快建设现代化产业体系提供有力支撑。一是强化政策制度保障。全面贯彻《中小企业促进法》，认真落实《保障中小企业款项支付条例》，推动各类惠企政策落细落实。二是提升中小企业创新能力。实施科技成果赋智专项行动，加快科技成果汇聚与共享，实现供需精准对接。三是推动中小企业价值提升。深入实施质量标准品牌赋值专项行动，坚持质量、标准、品牌一体化推进，引导企业以卓越品质提高质量效益。四是大力推动中小企业数字化转型。深入开展数字化赋能专项行动，深化拓展财政支持中小企业数字化转型试点。五是进一步推动融通发展。深入实施促进大中小企业融通创新"携手行动"，深入实施"百场万企"大中小企业融通对接活动，积极组织开展大型企业"发榜"、中小企业"揭榜"工作。六是加强优质企业培育。建立健全优质中小企业培育库，培育一批专精特新"小巨人"企业和国家级中小企业特色产业集群。七是加大融资促进力度。实施"一链一策一批"中小微企业融资促进行动，组织开展"千帆百舸""专精特新"中小企业上市培育工作。八是健全中小企业服务体系。加强服务资源协同和供给，继续培育一批国家中小企业公共服务示范平台、国家小型微型企业创业创新示范基地。九是深化国际合作交流。支持优质中小企业开展国际化布局，完善进出口服务，建立健全中小企业国际化发展服务网络体系。

　　中国电子信息产业发展研究院中小企业研究所（以下简称"赛迪智库中小所"）立足于对中国中小企业的持续研究，组织编写了《2022—2023 年中国中小企业发展蓝皮书》，对 2022 年中小企业发展状况和 2023 年中小企业发展态势进行了梳理和展望。本书有助于广大中小企业了解和掌握国家相关政策，同时也为新形势下社会各界研究中小企业政策和发展提供参考。

目 录

综 述 篇

政　策　篇

热　点　篇

展　望　篇

综述篇

第一章

2022 年中国中小企业发展环境

　　2022 年，全球宏观经济遭受新冠疫情形势延宕反复、地缘政治冲突升级、重大气候灾害频发等多重冲击,发达国家消费者物价指数(CPI) 持续大幅上涨、金融市场动荡加剧、美元指数急速攀升、大宗商品价格巨幅涨落,世界经济增速明显下滑。在一些不稳定、不确定、不安全的短期因素不断涌现的同时,一些深层次矛盾和结构性问题也日益凸显,短期和中长期因素交织叠加,给中小企业发展带来诸多挑战。

第一节　2022 年中小企业发展的国际环境

一、世界经济增速放缓

　　国际货币基金组织（IMF）发布的《世界经济展望》报告的数据显示,2022 年全球经济增速为 3.2%,并将在 2023 年下降至 2.7%,并且存在 25%的可能性下降到 2%以下。此外,根据 IMF 预测,在 2023 年占世界经济体量三分之一的经济体可能出现不同程度的衰退。

二、主要经济体增长动力不足

（一）美国经济面临较大压力

　　2022 年,美国国内生产总值（GDP）总量为 25.46 万亿美元（约合人民币 185.90 万亿元）,2022 年美国 GDP 增速相较于 2021 年美国 GDP 增速明显下降,为 2.1%。2013—2022 年美国 GDP 增速如图 1-1 所示。

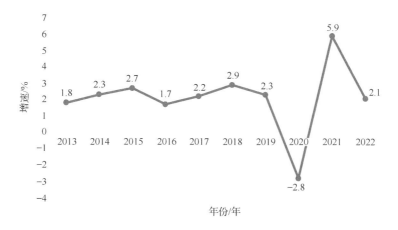

图 1-1　2013—2022 年美国 GDP 增速

数据来源：赛迪智库中小所整理，2023 年 5 月

从采购经理指数（PMI）来看，2022 年美国制造业呈现波动下行趋势。从 2022 年 1 月的 57.6% 下降到 12 月的 48.4%，并且连续两个月低于 50% 的荣枯线，制造业面临持续收缩压力。2021—2022 年美国制造业 PMI 如图 1-2 所示。

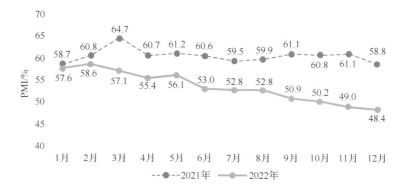

图 1-2　2021—2022 年美国制造业 PMI

数据来源：赛迪智库中小所整理，2023 年 5 月

（二）日本经济缓慢回落

随着日本经济逐渐在新冠疫情中恢复，2022 年日本经济总量为 546 万亿日元（约合人民币 27 万亿元），GDP 增速为 1.1%，虽低于 2021 年

GDP 增速（1.7%），但实现了连续两年正增长。2013—2022 年日本 GDP 增速如图 1-3 所示。

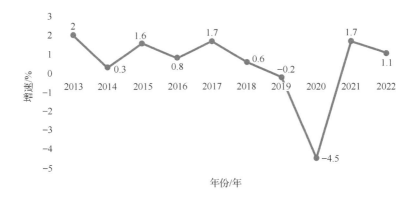

图 1-3　2013—2022 年日本 GDP 增速
数据来源：赛迪智库中小所整理，2023 年 5 月

从 PMI 来看，2022 年日本制造业 PMI 呈缓慢下降趋势，从 2022 年 1 月的 54.6% 降至 12 月的 48.8%，低于荣枯线水平。2021—2022 年日本制造业 PMI 如图 1-4 所示。

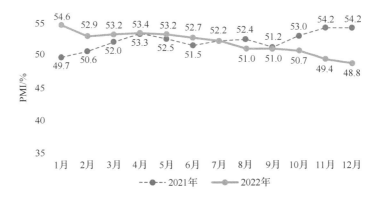

图 1-4　2021—2022 年日本制造业 PMI
数据来源：赛迪智库中小所整理，2023 年 5 月

（三）欧盟经济增势放缓

欧盟统计局数据显示，2022 年欧盟 GDP 为 16.65 万亿美元（约合人

民币 121.57 万亿元），增速与 2021 年相比有所下降，为 3.5%。2013—2022 年欧盟 GDP 增速如图 1-5 所示。

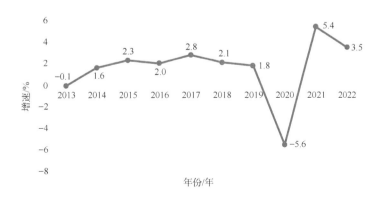

图 1-5　2013—2022 年欧盟 GDP 增速
数据来源：赛迪智库中小所整理，2023 年 5 月

从 PMI 来看，受能源价格飙升和供应链中断等因素影响，2022 年欧盟制造业 PMI 除 1 月和 2 月高于 2021 年同期制造业 PMI 外，从 7 月的 49.6% 下降到 12 月的 47.8%，持续保持在荣枯线水平之下，制造业发展压力较大。2021—2022 年欧盟制造业 PMI 如图 1-6 所示。

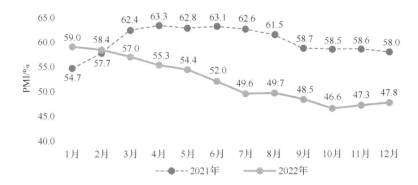

图 1-6　2021—2022 年欧盟制造业 PMI
数据来源：赛迪智库中小所整理，2023 年 5 月

（四）新兴市场经济体不同程度回落

受新冠疫情形势反复和地缘政治冲突升级等超预期因素影响，新兴

市场经济体发展呈现不同程度的疲软。印度政府公布的数据显示，2022年印度 GDP 增速为 6.7%，虽低于 2021 年的 8.1%，但高于美国等国家。得益于服务业的发展，2022 年巴西 GDP 实现 2.9% 的正增长，但因巴西中央银行连续加息，GDP 增速低于 2021 年的 4.6%。2022 年，西方国家对俄罗斯采取了多轮次制裁，对俄罗斯及其关联国家的经济带来了不同程度的冲击，俄罗斯 GDP 增速从 2021 年的 4.7% 下降为 2022 年的 -2.1%。2013—2022 年部分新兴经济体国家 GDP 增速如图 1-7 所示。

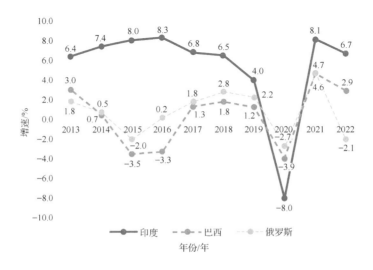

图 1-7 2013—2022 年部分新兴经济体国家 GDP 增速

数据来源：赛迪智库中小所整理，2023 年 5 月

三、国际贸易创历史新高，但增速放缓

根据联合国贸易和发展会议发布的《全球贸易更新》报告，2022年全球贸易额达到创纪录水平的 32 万亿美元（约合人民币 234 万亿元），但受 2022 年世界经济形势不确定性增加等因素影响，贸易增速由放缓转为负增长。从中国来看，与 2021 年相比，2022 年进、出口（累计）保持正增长，但增速放缓且呈下降趋势。具体来说，出口增速在 2021年 3 月达到最高值后逐渐回落，最终降到 2022 年 12 月的 7.0%；进口增速从 2022 年 1 月的 21.0% 下降到 2022 年 12 月的 1.1%。2021—2022年中国进、出口（累计）同比增速如图 1-8 所示。

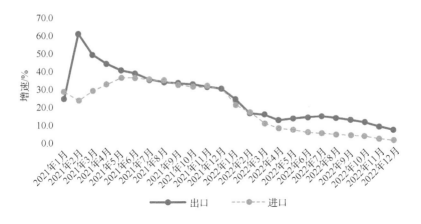

图 1-8　2021—2022 年中国进、出口（累计）同比增速

数据来源：赛迪智库中小所整理，2023 年 5 月

四、失业率

虽然全球经济增长压力较大，但就业市场仍然保持良好态势，失业率进一步下降。根据美国劳工部数据，美国失业率在 2022 年 5 月和 12 月达到 50 多年来的低位水平，为 3.5%；日本失业率从 2022 年 1 月的 2.8% 降到 12 月的 2.5%，为近两年最低值；欧盟失业率于 2022 年 10 月和 11 月保持在 6.5%，为全年最低值，但在 12 月有小幅度回升，失业率为 6.6%。

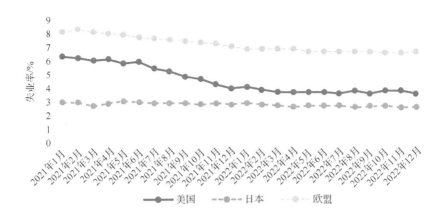

图 1-9　2021—2022 年美国、日本、欧盟失业率

数据来源：赛迪智库中小所整理，2023 年 5 月

第二节　2022 年中小企业发展的国内环境

一、我国经济稳步发展

2022 年，我国及时出台稳经济"一揽子"政策和接续措施，有效应对超预期因素冲击，经济实力再上新台阶，国内生产总值为 1210207 亿元，是继 2020 年、2021 年连续突破 100 万亿元、110 万亿元之后的新突破。按不变价格计算，2022 年中国 GDP 增速为 3.0%，与 2021 年相比，增速下降 5.4 个百分点，但仍高于美国、日本等发达国家。分季度来看，2022 年中国 GDP 增速波动较大，第一、二、三、四季度中国 GDP 分别同比增长 4.8%、0.4%、3.9%、2.9%。分产业来看，第一、二、三产业增速分别为 4.1%、3.8%、2.3%。2013—2022 年中国 GDP 增速如图 1-10 所示。

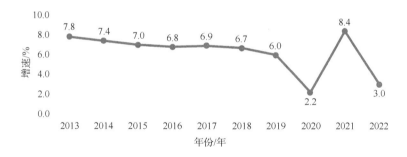

图 1-10　2013—2021 年中国 GDP 增速

数据来源：赛迪智库中小所整理，2023 年 5 月

从国内消费来看，2022 年社会消费品零售总额波动较大，增速从 1 月的 -3.5% 下降到 2 月的 -11.1% 后，缓慢回升到 8 月的 5.4%，再下降到 11 月的 -5.9%，12 月又收窄到 -1.8%，国内消费需求有待激发。2021—2022 年国内社会消费品零售总额增速如图 1-11 所示。

就投资而言，2022 年 1—12 月，全国固定资产投资（不含农户）为 57.2 万亿元，同比增长 5.1%，固定资产投资实现增长，投资动力较为稳定。其中，民间固定资产投资超过 31 万亿元，增速从 2 月的 11.4%

下降到 12 月的 0.9%。如何提振市场信心，扭转投资下降趋势值得进一步关注。2021—2022 年我国民间固定资产投资累计同比增速如图 1-12 所示。

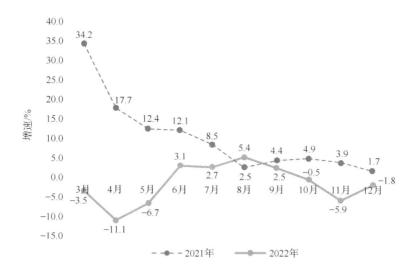

图 1-11　2021—2022 年国内社会消费品零售总额增速
数据来源：赛迪智库中小所整理，2023 年 5 月

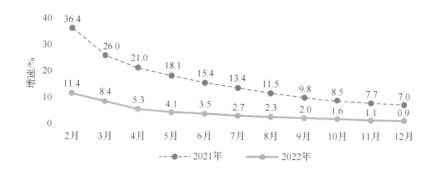

图 1-12　2021—2022 年我国民间固定资产投资累计同比增速
数据来源：赛迪智库中小所整理，2023 年 5 月

制造业方面，2022 年我国制造业 PMI 波动较大，除 1 月、2 月、6 月和 9 月外，均处于荣枯线以下，与 2021 年相比，经济景气水平总体

有所回落，工业经济发展稳定性有待提高。2021—2022 年我国制造业 PMI 如图 1-13 所示。

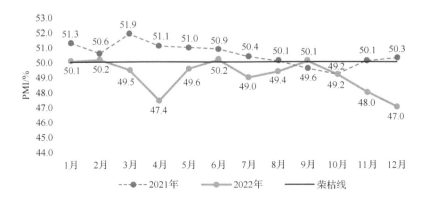

图 1-13　2021—2022 年我国制造业 PMI
数据来源：赛迪智库中小所整理，2023 年 5 月

二、发展环境持续优化

2022 年，我国中小企业发展环境持续优化。工业和信息化部数据显示，2022 年，我国平均每天新设企业 2.38 万户，其中，中小微企业数量超过 5200 万户，规模以上工业中小企业经营收入超过 80 万亿元。

在减税费方面，减税降费力度不断提升。国家税务总局数据显示，2022 年，我国新增减税降费及退税缓税缓费超过 4.2 万亿元。从企业规模分类来看，小微企业和个体工商户新增减税降费及退税缓税缓费超过 1.7 万亿元，占总规模的比重约为 40%，约 80%的个体工商户在 2022 年无须缴纳税款，可见小微企业和个体工商户是减税降费及"退税缓税缓费"的主要受益主体。

在融资环境方面，融资支持力度持续加大。国家金融监督管理总局数据显示，到 2022 年年底，全国银行业金融机构用于小微企业的贷款余额为 59.7 万亿元，其中，单户授信总额 1000 万元及以下的普惠型小微企业贷款余额为 23.6 万亿元，同比增长 23.6%。此外，工业和信息化部公布的信息显示，国家中小企业发展基金带动社会资本累计投资 350 亿元，在一定程度上缓解了中小企业的贷款难度。

在创新创业方面，中小企业继续走"专精特新"道路。工业和信息化部公布的数据显示，全国培育"专精特新"中小企业已超过 7 万多家，其中专精特新"小巨人"企业 8997 家。在 2022 年新上市的企业中，"专精特新"中小企业占比为 59%，累计有 1300 多家"专精特新"中小企业在 A 股上市，占 A 股上市企业总数的 27%；在科创板新上市企业中，"专精特新"中小企业占比为 72%。

在服务方面，工业和信息化部开展一系列中小企业服务活动，培育了服务中小企业的国家中小企业公共服务示范平台 274 家，帮助中小企业健康发展。"一起益企"中小企业服务行动逐步开展，为超过 5000 多万家中小企业提供包括政策、技术、管理等多种资源。同时，积极开展防范化解拖欠中小企业账款专项行动，推动台账内的无分歧欠款应清尽清。

三、政策法规持续加力

2022 年，为帮助中小企业主动适应国内外复杂的经济形势，走"专精特新"发展道路，各级政府不断加大帮扶力度，出台了一系列助企纾困政策，涉及中小企业发展的各个方面。

在支持大中小企业融通创新发展方面，2022 年 5 月 12 日，工业和信息化部、国家发展改革委、科技部、财政部等 11 部门共同印发了《关于开展"携手行动"促进大中小企业融通创新（2022—2025 年）的通知》（工业和信息化部联企〔2022〕54 号），明确提出推动大中小企业融通创新的新目标、新任务、新举措，计划到 2025 年，引导大企业打造一批大中小企业融通典型模式；激发涌现一批协同配套能力突出的"专精特新"中小企业；推动形成协同、高效、融合、顺畅的大中小企业融通创新生态，有力支撑产业链供应链强链补链固链稳链。

在推动中小企业高质量发展方面，主要从 4 个方面予以支持。一是提供研发支持。2022 年 1 月，科技部办公厅印发《关于营造更好环境支持科技型中小企业研发的通知》（国科办区〔2022〕2 号），为科技型中小企业研发提供支持。二是强化梯度培育。2022 年 6 月 1 日，工业和信息化部印发《优质中小企业梯度培育管理暂行办法》（工业和信息化部企业〔2022〕63 号），助力中小企业提升创新能力和专业化水平。

三是支持数字化转型。2022 年 8 月 15 日，工业和信息化部办公厅、财政部办公厅共同印发《关于开展财政支持中小企业数字化转型试点工作的通知》（工信厅联企业〔2022〕22 号），明确表示通过使用中央财政资金支持地方开展中小企业数字化转型试点，进一步带动中小企业向"专精特新"发展。四是加大知识产权保护。10 月 13 日，国家知识产权局、工业和信息化部印发《关于知识产权助力专精特新中小企业创新发展的若干措施》（国知发运字〔2022〕38 号），进一步助力"专精特新"中小企业创新发展。

各省（区、市）积极响应，从多方面出台政策，助力中小企业高质量发展。例如，浙江省经济和信息化厅、浙江省财政厅印发《关于开展财政支持中小企业数字化转型试点工作的通知》、福建省工业和信息化厅发布《福建省促进中小企业发展工作领导小组办公室印发开展"携手行动"促进大中小企业融通创新（2022—2025 年）工作细化措施的通知》。

专　题　篇

第二章

2022 年中国中小企业发展整体情况

第一节 2022 年中国中小企业发展现状

一、我国小微企业景气指数总体下行

小微企业是经济体系的"毛细血管",也是受经济波动影响较大的群体。"经济日报—中国邮政储蓄银行小微企业运行指数"(以下简称"运行指数")显示,2022 年我国小微企业运行指数呈波动下降趋势,且从 2022 年 7 月以来,运行指数持续下降,从 7 月的 50 下降到 12 月的 46.5,为两年内最低值。我国小微企业运行指数如图 2-1 所示。

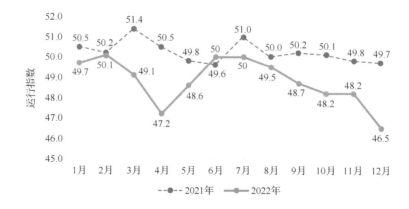

图 2-1 我国小微企业运行指数

数据来源:赛迪智库中小所整理,2023 年 5 月

二、区域发展呈不均衡状态

从区域发展来看，2022 年我国各区域小微企业发展波动较大，到 2022 年 12 月，华北、东北、华东、中南、西南、西北六大区域运行指数最终稳定在 45.9、46.4、46.5、47、47、45.8，呈现"一升一平四降"特征。2022 年我国各区域小微企业运行指数如图 2-2 所示。

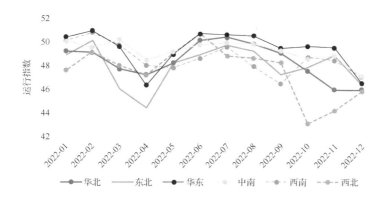

图 2-2　我国各区域小微企业运行指数
数据来源：赛迪智库中小所整理，2023 年 5 月

第二节　2022 年中国中小企业发展存在的主要问题

2022 年，对于中小企业来说是充满挑战的一年。新冠疫情复杂多变，乌克兰危机延宕发酵，全球粮食、能源安全问题突出，产业链供应链遭遇严重冲击，世界处在新的动荡变革期。受国外复杂形势影响，我国市场不确定性增多，中小企业发展压力仍然较大。

一、中小企业发展形势不容乐观

2022 年，受国内外复杂经济形势及国内新冠疫情"多发散发频发"等因素影响，市场不确定性增多，经济下行压力加大，中小企业发展受到挑战。数据显示，对于大型企业，2021 年，制造业 PMI 均处于荣枯线上，但 2022 年 4 月、7 月、11 月和 12 月大型企业制造业 PMI 分别为 48.1、49.8、49.1、48.3，均处于荣枯线以下。对于中型企业，制造业 PMI 在 2022 年 1 月、2 月、6 月处于荣枯线以上。对于小型企业，2022 年制造业 PMI 均处于荣枯线以下。显然，与大企业相比，中小企业制造业生产经营形势仍然较为严峻，亟须进一步加强关注。2021—2022 年我国大、中、小型企业制造业 PMI 如图 2-3 所示。

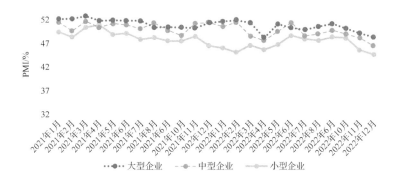

图 2-3　2021—2022 年我国大、中、小型企业制造业 PMI

数据来源：赛迪智库中小所整理，2023 年 5 月

从企业景气指数来看，2022 年我国企业景气指数普遍比 2021 年我国企业景气指数低。具体来说，2022 年我国企业景气指数从第一季度的 112.7 下降到第三季度的 98.9 后，在第四季度有所回升，为 107.8，但与 2021 年第四季度相比仍有较大落差。2021—2022 年企业景气指数如图 2-4 所示。

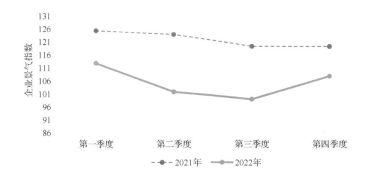

图 2-4　2021—2022 年企业景气指数

数据来源：赛迪智库中小所整理，2023 年 5 月

二、中小企业市场活力有待激发

国家统计局数据显示，2022 年我国 CPI 全年涨幅为 2%，低于美国、欧盟、印度、巴西等经济体，单月上涨幅度始终保持在 3% 以内。2022 年我国生产者物价指数（PPI）相较 2021 年 PPI 增长 4.1%，但涨幅低于 2021 年。可见，2022 年我国物价总体较为平稳，为中小企业提供了较为稳定的市场环境。但中国人民银行 2022 年每季度的银行家问卷调查报告显示，无论是大型企业，还是中小微企业，2022 年企业贷款需求指数相对于 2021 年企业贷款需求指数均显下滑，其中，小微企业贷款需求指数从 2022 年第一季度的 74% 下降到第四季度的 62.5%。这表明小微企业扩张信心不足，市场活力有待进一步激发。2021—2022 年我国大、中、小微企业贷款需求指数如图 2-5 所示。

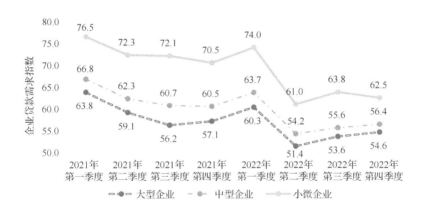

图 2-5　2021—2022 年我国大、中、小微企业贷款需求指数
数据来源：赛迪智库中小所整理，2023 年 5 月

三、中小企业出口指数总体下降

2022 年，受国际市场影响，我国出口面临较大挑战。中国人民银行发布的 2022 年第四季度企业家问卷调查报告显示，2022 年第四季度出口订单指数为 38.9%，比 2022 年第三季度下降 3.3 个百分点，比 2021 年同期下降 9.8 个百分点。其中，仅 13.2% 的企业家认为，2022 年第四季度与 2022 年第三季度相比，出口订单有所增加。此外，2022 年出口

订单指数全年都在临界值以下，可见 2022 年海外市场开拓难度较大，中小企业发展国际业务困难较大。2021—2022 年企业出口订单指数如图 2-6 所示。

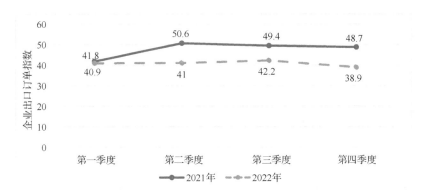

图 2-6　2021—2022 年企业出口订单指数

数据来源：赛迪智库中小所整理，2023 年 5 月

第三章

中小企业数字化转型研究

第一节　我国中小企业数字化转型现状

从整体来看，我国中小企业数字化转型取得积极进展，越来越多的企业开始探索进行数字化转型，但79%的中小企业仍处于数字化转型的初步探索阶段，成熟度不高。与大型企业相比，中小企业在资金、人才、技术等方面处于相对劣势，整体数字化转型水平存在差距。大型企业与中小企业数字化转型水平对比如图3-1所示。

图 3-1　大型企业与中小企业数字化转型水平对比

数据来源：中国电子技术标准化研究院、36氪研究院整理，2023 年 5 月

从地域来看，京津冀、长三角、珠三角地区的中小企业在人才、资金、技术及行业基础等方面较为扎实，相较于其他地区中小企业数字化转型进程较为迅速。其中，东南沿海地区（如江苏、浙江、广东、福建等）由于本地制造业、贸易和服务业发达，且产业较为集中，在数字化转型方面存在优势，中小企业数字化水平较高。中小企业数字化综合指数排名前 20 位的省级行政区如图 3-2 所示。

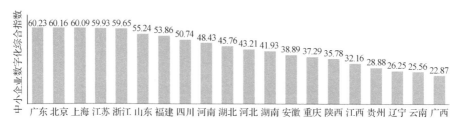

图 3-2　中小企业数字化综合指数排名前 20 位的省级行政区

数据来源：中国电子技术标准化研究院、36 氪研究院整理，2023 年 5 月

　　从行业来看，计算机、通信和其他电子设备制造业，以及仪器仪表制造业、汽车制造业、家具制造业、医药制造业等行业的数字化转型水平位居前列。其主要原因在于这些行业的盈利水平较高，用于数字化转型的资金基础较好，能够为中小企业数字化转型提供便利。中小企业数字化转型排名前 10 位的行业如图 3-3 所示。

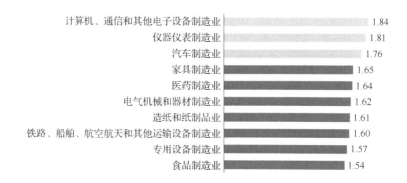

图 3-3　中小企业数字化转型水平排名前 10 位的行业

数据来源：中国电子技术标准化研究院、36 氪研究院整理，2023 年 5 月

　　从业务环节来看，专业化生产、服务和协作配套能力是企业发展的核心，中小企业数字化转型虽然在生产、设计、物流、销售、服务等环节都有所覆盖，但呈现出需求与供给不匹配的问题。根据腾讯社会研究中心联合易观分析发布的《中小企业数字化转型路径报告》，当前数字化转型产品数量多，但有效供应不足。从市场供给产品数量看，供过于求占 67%，供需匹配占 19%，供不应求占 14%，整体数字化产品供给数量相对不缺，但与当前中小企业数字化转型需求不符。

第二节　我国中小企业数字化转型存在的问题

一是顶层设计不成熟，数字化转型路径不清晰。数字化转型是一个系统性的创新过程，涉及战略调整、管理变革、技术创新、业务转变等多个方面，是一项复杂的系统工程。中小企业对这一过程认知不足，其数字化转型路径仍不明晰。顶层设计不成熟、数字化转型路径不清晰减缓了中小企业数字化转型进程。受限于自身战略认知、技术储备、管理层能力不足等原因，中小企业数字化转型战略规划尚不成熟，目前仍未形成有效的战略实施路径。

二是数字化转型基础薄弱，关键基础能力不足。新兴数字技术应用是中小企业数字化转型的关键，我国中小企业数字化转型水平参差不齐，但大多数仍处于信息化阶段。数字技术应用多涉及办公系统自动化和企业内部业务板块方面，核心业务应用率较低。《中小企业数字化转型分析报告》显示，我国中小企业应用数字化技术实现关键业务系统间集成的占 23%，实现设计、生产、物流、销售、服务等关键业务数据采集的占 34%。由于缺少必要的数字化转型基础建设，中小企业数字化转型基础薄弱，进一步制约了核心数字技术供给，阻碍了中小企业数字化转型进程。

三是自有资金少、筹资能力弱，数字化转型资金不足。一方面，中小企业规模小，盈利能力弱，自有资金少。另一方面，中小企业市场占有率低，可支配资源少，加之融资渠道单一、融资成本高、融资风险评估标准严，使得中小企业"融资难、融资贵"。数字化转型前期投入大，回报周期长，中小企业资金供给不足，难以支撑数字化转型。相关行业报告显示，我国有 14% 的中小企业数字化转型投入占年销售额的比例为 5%，约 70% 的中小企业数字化转型投入不足年销售额的 3%，与大型企业数字化资源配置相比其投入严重不足。

四是数字化人才匮乏，转型驱动力不足。数字化转型依赖人才驱动，人才是数字化转型的重要支撑，中小企业自身缺乏数字化转型人才，很难在内部形成推动力量。一方面，受成本预算限制，中小企业在市场竞争中处于弱势地位，人才储备少。另一方面，我国数字化人才供不应求，供需比例失衡，中小企业对于人才的吸引力较弱，高技能人才匮乏。相关数据显示，中小企业中数字化相关人才平均占比为 20%，建立了数字化培养体系的中小企业占比为 15%，数字化人才匮乏成为阻碍中小企业数字化转型的重要因素。

第三节　国内中小企业数字化转型经验

一、通过建立数字化转型供给资源池、制定数字化解决方案、推动企业"上云"等方式，提升数字化服务水平

一是组织专业服务商，为中小企业制定数字化解决方案。例如，苏州、重庆分别通过建立专业服务商库和专业服务商目录的形式，遴选专业平台服务商，根据中小企业的行业领域、规模等情况匹配相应的服务商，免费提供诊断服务。二是建立数字化转型促进中心，为中小企业提供专业级数字化转型服务。例如，四川立足于不同区域、不同行业的中小企业个性化需求，建立区域型、行业型、企业型三类数字化转型促进中心，为企业提供全方位、有针对性的技术服务。三是支持工业互联网场景应用。例如，安徽于 2022 年遴选了 96 个场景应用示范项目和优秀解决方案，给予一次性奖补 100 万元。鼓励专精特新"小巨人"企业等建立工业互联网平台，打通原料供给、设计开发、生产营销、售后维护等环节。四是鼓励企业"上云"。例如，上海鼓励龙头企业建设具有行业影响力的工业互联网平台，打造 10 个以上标识解析二级节点，带动 20 万家中小企业"上平台"。五是提供专业诊断服务。例如，江苏成立了全省中小企业高质量发展巡诊服务先锋队，每家企业安排专门的专家团队，安排专人"一对一"服务，形成诊断顾问制度，对企业需求征集、企业信息摸排、专家现场诊断、满意度分析调查等，采取全流程"保姆式"跟踪对接。截至 2022 年 6 月，已深度巡诊企业 45 家，覆盖汽车、集成电路、装备制造、生物医药等重点产业。

二、通过设立专项资金、制定路线图、打造典型应用场景，加快数字化设备改造

一是对中小企业软/硬件改造给予资金支持。吉林、北京、广东东

莞对中小企业数字化改造提供专项资金补助,补助资金不超过合同额的20%。二是打造一批典型应用场景,进行样本复制推广。例如,浙江江门根据行业共性问题和企业自身个性化需求形成"6+X"场景,提出"按样本复制"推广方法,引导企业依照样本进行数字化改造决策。三是制定转型路线图。例如,江西提出分行业制定数字化转型路线图,推动行业数字化改造诊断,对航空、电子信息、中医药、装备制造、新能源、新材料等行业进行深入分析,开展数字化改造需求梳理和技术挖掘,紧盯"2+6+N"产业高质量跨越式发展[①]。

三、通过开展数字化人才培训、建设实训基地等方式,提升员工数字化技术水平

一是组织产教融合,开展数字化人才培训。例如,广东揭阳针对集群急需的复合型技能人才短缺问题,协调当地高校开展校企合作与产教融合,共同开展"小诸葛"育人计划,为集群试点的中央工厂和云加盟企业持续输送高品质的复合型技术人才。二是整合高校资源,建立人才实训基地。例如,贵州将企业数字化改造列入"市州行"、中小企业"星光"培训等重要内容,为中小企业提供工业互联网、智能制造、企业数字化转型技术与应用实践等理论普及和实操培训,提高企业数字化改造的意识和积极性。三是健全数字技能培训补贴政策。例如,江苏将数字技能类职业纳入政府补贴性职业技能培训范围,列入高技能人才培训补贴紧缺型职业目录,基于培训进行补贴,全省每年新增数字化技能人才10万人。

---

① 江西省政府于 2019 年 4 月发布《江西省"2+6+N"产业高质量跨越式发展行动计划》,提出通过五年左右的努力,力争实现三个高质量跨越式发展目标。在产业层面,要推动有色金属、电子信息 2 个产业主营业务收入突破 1 万亿元,装备制造、石化、建材、纺织、食品、汽车 6 个产业主营业务收入突破 5000 亿元,航空、中医药、移动物联网、半导体照明、虚拟现实、节能环保等 N 个产业主营业务收入突破千亿元。

四、通过工业互联网、信息安全管理制度等方式，保障企业信息安全

一是借助工业互联网提升中小企业信息安全监测水平。例如，江西实施开发区数字化安全赋能行动和中小企业"安全上云"工程，推动开发区建设工业互联网安全综合服务平台，提升园区数字化安全监测预警、研判分析、信息通报、应急处置、威胁共享、协同指挥和态势感知能力。二是开展企业信息安全检查。例如，重庆建立工业信息安全风险监测、态势研判、预警通报、应急管理、安全检查等工作体系，定期组织开展全市工业信息安全检查工作。

第四节　国际中小企业数字化转型经验

一、美国

一是从政府角度出台中小企业数字化转型指导性文件。美国作为全球最早布局数字化转型的国家，多年来持续关注新一代信息技术的发展及其影响。为加强中小企业实施数字化转型过程中政府的宏观指导，美国政府先后出台《重振美国制造业框架》《先进制造业国家战略计划》等政策文件，从技术研发、基础设施和美国国内外创新环境等方面提出一系列政策措施。

二是鼓励中小企业全环节覆盖数字化转型。以美国安海斯布希公司为例，该公司利用现代技术来优化当前业务模式，数字化转型涉及各个环节（从啤酒厂到零售商）。该公司创建了 B2B（商业对商业）移动应用程序，酒类、便利店、零售店的运营商可以使用该程序追加订单，其中的算法还能提供一些补货建议，这使得该公司的销售人员可以花更多的时间与店铺老板探讨新品牌和新产品。

三是创建国家制造业创新网络。为了更好地促进中小企业开展数字化转型，美国于 2012 年提出创建国家制造业创新网络。截至 2021 年，美国在全国范围内创建了 16 个顶级创新中心，这些创新中心涵盖数字化与自动化、生物制造与清洁能源等重点领域，汇集 9 个联邦机构。

二、韩国

一是设立"数字服务凭证计划"，以降低中小企业使用数字技术的成本。该计划将中小企业与韩国国内供应商联系起来，旨在通过补贴支持 8 万家中小企业使用供应商提供的数字化服务。中小企业最多可以使用 400 万韩元（约合人民币 2.2 万元）来购买服务，仅需要承担相应服务 10%的成本。中小企业应当在 MSS（中小企业和创业部）认定的服务供应商和平台中使用代金券支付数字化服务费用，范围包括电子签名工具、网络安全软件、视频会议解决方案和在线培训等。MSS 持续监测该计划完成情况，及时调整限制条件以防止政策被滥用。

二是推出"共享电话会议室计划"，为中小企业提供电话会议设施。中小企业聚集区域的科技园区、产业园区、企业孵化协会和创意经济创新中心等均可申请最高 1200 万韩元（约合人民币 6.6 万元）的补助，用于将现有空间翻新为在线视频会议室，以及购买摄像机、麦克风、投影仪和视频会议软件等会议软/硬件设备，政策支持对象必须免费或按照政府预先约定条件向中小企业提供电话会议设施，还需配备专人维护设施至少 3 年。2020 年起，韩国政府累计投入超过 234 亿韩元（约合人民币 1.3 亿元），建设了 1567 个在线视频会议室。2021 年，为提高视频会议室的使用便利性，韩国政府开设了实时定位、状态确认、可以预约的视频会议室管理门户网站。

三是助力中小企业远程办公。一方面，推动中小企业采用弹性工作制，并提供补贴和远程办公法律方面的咨询和培训。MOEL（就业和劳工部）在新冠疫情期间简化了政策申报程序，并增加了补贴金额。另一方面，推动中小企业建立远程办公基础设施。与"数字服务凭证计划"类似，MOEL 为中小企业提供补贴，以支持中小企业支付与远程办公基础设施相关的成本，包括设备、云计算工具、网络安全系统，以及政策咨询和人力资源培训费用。MOEL 还在 2020 年为企业发布了远程办公手册，普及远程办公基础知识，展示最佳实践，并对法律等关键问题进行了解释。

三、日本

一是提高中小微企业对数字化转型的认知程度。以日本政府为主导，经济产业省制定具体政策，相关行业商会、行业协会宣传推动，通过举办一系列数字化转型研讨会、推介会，开展中小微企业实地调研，派遣专家实地考察咨询等方式，帮助中小微企业意识到数字化转型可以促进企业自身的新产品研发、降低企业生产和人力成本、提高企业销售收入、扩大企业影响力。除此之外，由于中小微企业自身与大型企业关联程度较高，大型企业数字化转型程度较高也会倒逼中小微企业开展数字化转型。为迎接全球数字化浪潮，中小微企业要加强自身数字化转型力度和速度，保证自身在日本国内和全球产业链中的竞争力。

二是针对中小微企业实际需要实施"IT 基础设施建设计划"。在数字化转型的过程中，中小微企业对于 IT 系统的实用性和性价比十分敏感。根据日本经济产业省的实地走访和调研发现，中小微企业对于引进 IT 系统存在一定顾虑，主要是担心 IT 系统的费效比（一般指投资回报率）不尽如人意。一方面，全新 IT 系统的引入要求中小微企业在前期增加在软件和硬件系统上的投资，这在无形中加剧了中小微企业的负担。另一方面，日本经济产业省作为曾经的劳动力人口大国，日本职场对于员工有着"事必躬亲"的要求，认为人是职场的主导，但伴随着近年来日本老龄化加剧，职场上年轻劳动力迅速减少，年长的劳动力对数字化接受程度存在认知、操作、文化惯性思维等方面的不足，因此，阻碍了数字化转型的进一步发展。面对中小微企业在转型中遇到的上述问题，日本政府自 2018 年起制定实施推广"IT 基础设施建设计划"（根据中小企业体量、规模等量身打造的 IT 计划）。一方面，大力发展"云服务"，为中小微企业提供 IT 系统替代服务（低于市场价格），减少中小微企业对昂贵 IT 系统的依赖，同时减少中小微企业由于购买维护 IT 系统增加的数字化转型成本。另一方面，鼓励 IT 供应商开发成本低廉、便于操作的 IT 系统，简化操作的流程，降低操作的复杂性及操作门槛。此外，构建政府、IT 系统运营商、金融机构、商业协会、行业协会与中小微企业的网络有机体，为中小微企业提供市场和技术上的支持。

三是对中小微企业给予金融财税支持。为应对新冠疫情对中小微企业数字化转型的冲击，日本政府实施了积极的金融财税政策，以支持中小微企业数字化转型。第一，加强对数字设备采购的低息融资支持。日本政策 JFC（金融公库）专门设立了"IT 活用促进资金"，为中小微企业引进信息技术支持及相关数字化采购提供低于市场的融资。例如，信息化设备投资的贷款年利率为 1.56%～1.75%，并且年限最长可达 20 年。第二，提供数字化财政专项补贴。日本政府对中小微企业的 IT 技术应用进行不低于 450 万日元（约合人民币 22.3 万元）的补贴。除此之外，各地方政府也为本地区中小微企业提供不低于 700 万日元（约合人民币 34.7 万元）的 IT 系统导入补助，但不得与中央政府补贴同时申领。第三，实施"中小微企业投资促进税制"，中小微企业以数字化转型为目的购买 70 万日元（约合人民币 3.5 万元）以上的硬件设备、软件设备及相关技术服务时，均可享有即时折旧摊销或 7%的税收抵免。

四是营造良好的中小微企业数字化转型外部环境。在中小微企业转型的过程中，日本政府除提升企业认知、量身打造合适的软件服务体系及给予金融财税支持外，还颁布和执行了一系列数字化转型专项政策和措施，以保证中小微企业数字化转型的外部环境，助力中小微企业数字化转型顺利实现。例如，构建和推广企业间数字化协同平台，保证中小微企业 IT 系统的互联互通；鼓励企业间以合作共赢的发展方式，实现上下游产业链供应链的共生共荣；加快企业数字化人才的引进和培训，为数字化转型扫除人力资源上的障碍；修改和发布《承包中小企业振兴法》《中小企业管理强化法》，为中小微企业数字化转型提供法律保障。上述专项政策和措施为中小微企业的数字化转型构建了良性、可持续发展的外部环境。

四、德国

一是加强顶层谋划，发挥政策效能。德国制定了中小企业数字化转型行动计划、《数字议程（2014—2017 年）》《数字化战略 2025》《德国人工智能发展战略》等，发布"中小企业 4.0 数字化生产及工作流程"。2020 年，受新冠疫情的影响，许多经济活动陷入停滞，不少德国中小企业的发展也遇到了一些困难，只有 47%的中小企业完成了原定的投资计划。为保障德国中小企业的竞争力，德国政府继续制定支持措施，推进数字化转型。2020 年 9 月，德国政府《数字化实施战略（第五版）》发布，并宣布启动为中小企业未来数字化设立的"Digital Now"（数字·现在）项目。

二是通过资助数字化转型项目，保障资金流动性。德国中小企业开展数字化转型同样面临资金难题，德国联邦信息经济、通信和媒体协会曾做过一项调查显示，75%的中小企业认为，实施数字化转型最大的障碍是资金压力。为此，德国不断增加对所实施项目的资助，或是提供专门补助资金，中小企业通过这些项目得到资金支持，加快数字化转型进程。例如，中小企业数字化投资项目旨在找出项目实施过程中存在的难点，同时扩充已有的中小企业扶持项目，2018 年的资助总额达到 10 亿欧元（约合人民币 78.2 亿元）。"Digital Now"项目主要是向拥有 3～50名员工、规模较小的中小企业提供最高 5 万欧元（约合人民币 39.1 万元）的资金支持，主要采取报销的形式，帮助企业进行数字化转型、提升员工的数字化技能。德国将对该项目的投入资金从 2020 年的 5700 万欧元（约合人民币 4.4 亿元）增至 2021 年的 1.14 亿欧元（约合人民币8.9 亿元），预计到 2024 年，投入资金将达到 2.5 亿欧元（约合人民币19.6 亿元）。2021 年，该项目资助的主要目标是提高企业员工数字技术和数字技能。

三是通过数字化构建核心能力。一方面，创新合作模式，为中小企业提供技术支撑。产业集群利用其技术网络联合为中小企业提供智能产品、生产流程和未来的工作环境等方面的数字化解决方案。例如，在"It's OWL"（Intelligent Technical Systems OstWestfalenLippe）集群中，来自Porta Westfalica（波尔塔韦斯特法利卡）镇的 HASEKE 公司与比勒费尔德大学的 CoR 实验室一起开发了一种智能辅助系统，用于组装医疗支撑臂。当前，"It's OWL"集群已经完成 47 个研究计划，向企业转移项目 171 个。在技术支撑中，中小企业需要支付一定的费用，但许多中小企业认为与优化之后节约的成本相比是值得的。另一方面，为中小企业提供测试环境，对中小企业生产系统进行测试和优化。例如，通过建立OWL 智能工厂，降低中小企业试错成本。智能工厂主要用于"工业 4.0"的研究成果转化，其实质是基于工业物联网构建的尖端技术实验室，解决未来工厂车间层最重要的数字化研究课题，如适应性、资源效率和基于认知的人机交互等研究课题。

四是培育数字化人才，提供智力基础。高素质、高技能的产业工人是数字化转型的重要保障。德国已意识到，数字化技能人才在未来工业转型过程中将发挥关键作用。为适应"工业 4.0"的需要，加强面向未来数字化工作的多层次的专业人才培育，德国开展职业教育改革，打造"职业教育 4.0"。德国通过开展教育数字化改革，采取加强数字相关基础设施建设、对教师进行培育以促进数字化教学、利用数字技术提升教育管理现代化水平等措施，提高学生自主使用数字化技术的能力，以解决中小企业员工数字化技能欠缺的问题。例如，构建职业教育数字学习迁移网络，在中小企业中创建实施数字化学习的组织结构，到 2022 年，已有 110 多家企业（以中小企业为主）获得资金和支持。通过"Digital Now"等一系列项目的实施，帮助中小企业提升员工数字化技能。例如，巴登–符腾堡州经济部推出的"学习工厂 4.0"计划。该计划配备了智能机器和数控生产模块，为培训生创造贴近现实工作的学习环境，对实际工作中将会遇到的和需要解决的问题进行研究和模拟，提升学员解决实际问题的综合能力。

第五节　推动我国中小企业数字化转型的政策建议

一是完善数字化建设体系，明晰数字化转型路径。数字化转型是一个长期的试错过程，企业需要具备较为完整的数字化建设体系，最大化降低试错成本。特别是中小企业，管理者应站在更高的视角看待数字化转型，对新兴数字化技术及新的商业模式保持敏锐的洞察力，及时应对外界环境变化，调整企业战略方案。以企业改革痛点、转型关键节点、价值提升重点等作为中小企业数字化转型切入点，制定清晰可行的战略规划实施路径。与此同时，其他业务板块正常运营，维持企业持续发展，供给数字化转型所需资源，保障战略规划顺利实施。

二是完善数字基础设施，提升中小企业数字化基础能力。数字基础设施建设是数字化转型的关键，数字基础设施水平决定了中小企业数字化应用水平与发展前景。据统计，当前中小企业数字化装备应用率仅为45%，生产过程数字化覆盖率仅为 40%，设备联网率仅为 35%，中小企业的智能化投入与大型企业相比明显不足。中小企业自身数字化基础薄弱，需积极响应国家推进基础设施建设的号召，健全中小企业数字化转型所需的基础设施，尤其注重 5G 技术、大数据、工业互联网等新型基础设施建设，为企业数字化转型提供基础保障，切实支持中小企业数字化转型升级稳步推进。

三是加大政策支持力度，助力中小企业数字化转型。中小企业数字化转型在资金方面本身存在缺口，加之新冠疫情的冲击，现阶段中小企业更需要政府的帮助。首先，应加大对中小企业数字基础设施的投入，包括购买数字化技术设备、培训数字化人才等，为中小企业数字化转型升级打好坚实基础。其次，可以针对中小企业普遍面临的问题，给予企业一定的优惠政策，如减税降费、财政补贴等，鼓励我国中小企业积极推进数字化转型。最后，加大对中小企业数字化转型专项资金的扶持力度，确保专项扶持资金及时到位，以稳固企业现金流，更好地应对风险，以期真正助力中小企业数字化转型。

四是构建数字化人才培养体系，推动数字化人才队伍建设。数字化转型过程中急需跨领域、懂技术的数字化人才，包括数字化管理人才、数字化技术人才和数字化业务人才。中小企业不仅技术研发投入不足，而且在数字化转型人才的引进与培育方面都有劣势，这是我国中小企业的现状与共性。为此，一方面，中小企业可以组织员工进行线上教学，学习数字化转型相关技能，从企业内部培育数字化人才；另一方面，构建共享机制，加强与高校和科研机构的沟通合作，共同构建长期高效的人才孵化机制。通过内外兼修、借力顺势、有针对性的人才培养方式，中小企业可以培养和储备适合自身需求的数字化人才，以推进自身数字化转型升级。

第四章

培育"专精特新"中小企业的经验与建议

　　"专精特新"中小企业在我国经济社会发展中扮演着日益重要的角色,已成为落实创新驱动发展战略的关键载体和推动经济高质量发展的坚实保障。本章从完善工作机制、缓解资金压力、增强创新发展动能等方面梳理了地方政府培育"专精特新"中小企业的成功经验,并针对当前培育"专精特新"中小企业面临的制约因素,提出了进一步培育"专精特新"中小企业对策建议。

第一节　地方政府培育"专精特新"中小企业的成功经验

一、完善培育工作机制

　　各地积极通过建立"专精特新"中小企业培育跨部门联动协调机制、完善"专精特新"中小企业梯度培育体系和培育库、加强"专精特新"中小企业运行监测,以促进"专精特新"中小企业发展提质增效。

　　一是建立"专精特新"中小企业培育跨部门联动协调机制。湖北、重庆等地积极建立跨部门联动协调机制,形成汇聚促进"专精特新"中小企业发展工作的多向合力。例如,湖北建立组织协调机制、政策联动机制和政银企对接机制,省级层面对龙头企业、核心企业及数万家小微企业开展金融支持"援企、稳岗、扩就业"等工作,市级、县级层面同步比照实施，推动金融政策与财税、产业等政策更紧密配合；重庆建立市、区县两级"专精特新"中小企业发展联席会议机制，统筹推进"专精特新"中小企业各项培育工作，定期听取"专精特新"中小企业意见建议，将企业的困难问题分门别类分解到相关部门、单位来解决。

二是完善"专精特新"中小企业梯度培育体系和培育库。各地通过建立"专精特新"中小企业培育库，加大入库培育力度，逐步构建梯度培育体系。江苏、广东、浙江等地不断完善"专精特新"中小企业培育库，推动"专精特新"中小企业发展厚积成势。例如，广东加快实施"链主"企业、制造业单项冠军企业、"专精特新"中小企业三大优质企业培育工程和"百千万计划"，建立"专精特新"重点企业小升规培育库。重庆按照"每年储备一批、培育一批、成长一批、认定一批"的工作思路，出台《关于实施中小企业"万千百十"五年培育成长计划的通知》，计划在五年内，培育"专精特新"中小企业 1000 户以上，专精特新"小巨人"企业 100 户以上，"隐形冠军"企业 50 户以上。

三是加强"专精特新"中小企业运行监测。浙江、重庆等地定期评估各级"专精特新"中小企业发展情况，对中小企业工作开展督查，确保促进中小企业"专精特新"发展工作走深走实。例如，重庆开展"专精特新"中小企业运行监测评价，将"专精特新"中小企业发展情况纳入中小企业发展环境第三方评估重要内容，适时开展各区（县）"专精特新"中小企业发展情况督查。

二、缓解企业资金压力

各地从直接融资、间接融资和奖补政策 3 个方面，加强对"专精特新"中小企业的资金支持。其中，直接融资以扩宽上市融资渠道为主，间接融资以提升信贷、保险、担保的可得性为主。

一是提高"专精特新"中小企业的信贷可得性。北京、上海、湖北等多地出台了信贷支持政策，丰富专属信贷产品。例如，北京指导银行业金融机构推出"专精特新贷"，以满足企业在不同阶段的资金需求，探索推动"专精特新园区贷""集合债"等金融产品创新。上海引导辖内商业银行实施"千家百亿专精特新企业信用融资计划"，解决"专精特新"中小企业"无信用记录首次贷款难和无抵押信用贷款难"问题。

天津搭建融企对接平台,与市中小企业信用融资担保中心合作,举办"专精特新"中小企业融资对接活动,推出了针对"专精特新"中小企业开发的融资担保新产品"专精特新贷"。该产品对"专精特新"中小企业,给予优惠担保费率 1% 以下、信用担保额度放大到 2000 万元的政策倾斜。通过引入政银担合作创新机制,引导金融资源向"专精特新"中小企业聚集。

二是加大保险、担保、融资租赁等方式的融资支持力度。例如,河南鼓励各地政府加强与保险机构合作,推行"政银保"模式,建立政府、银行、保险机构三方风险共担机制和超赔补贴机制,浙江加强政府性融资担保机构对企业的融资增信服务,对单户担保、再担保金额在 1000 万元以下的小微企业强化融资增信服务,平均担保费率保持在 1% 以下。

三是加快融资服务平台建设。例如,北京市搭建"1+4+N"组合金融平台,包含小微企业金融综合服务平台 1 个平台,首贷中心、续贷中心、确权中心、知识产权融资质押中心 4 个中心,以及 12345 接诉即办、"畅融工程"等 N 个举措,为小微企业提供全面的金融服务。

四是拓宽"专精特新"中小企业上市融资渠道。各地积极推动"专精特新"中小企业在北交所和区域股权交易中心的"专精特新板"挂牌上市,扩展企业直接融资渠道。例如,北京推动北京市经信局与全国股转公司、北交所建立互推互认、联合培训、数据共享等机制,共同打造"专精特新"中小企业北交所上市工程、创新层晋层工程、"新三板"挂牌工程和拟上市储备工程。

五是加大"专精特新"中小企业资金奖补。根据公开政策文件,目前全国超过 80% 的省(区、市)推出了"专精特新"中小企业认定奖补措施,以激励中小企业积极申报"专精特新"中小企业及专精特新"小巨人"企业。从奖励金额来看,大部分地区对于"专精特新"中小企业的认定奖补金额在 50 万元以内、对专精特新"小巨人"企业的认定奖补金额在 50 万~100 万元。

三、增强创新发展动能

各地区从鼓励企业加大研发投入、推动研发机构"增量扩面"、设立"专精特新"重大科技专项板块、推动产学研合作、激励知识产权成果产出等方面，进一步提升中小企业创新能力。

一是鼓励企业加大研发投入。一方面，加大研发费用加计扣除奖补力度，且往往在国家政策基础上提高研发费用加计扣除标准。例如，上海对年度首次认定、新引进的国家专精特新"小巨人"企业、上海市"专精特新"中小企业按照上一年度研发费用加计扣除额的 10%给予资助。另一方面，支持企业建立研发准备金制度。例如，重庆出台实施细则，鼓励企业建立研发准备金制度，对建立研发准备金制度的企业按其上一年度实际研发投入新增部分的 10%予以补助。

二是推动研发机构"增量扩面"。浙江、河南等地纷纷支持"专精特新"中小企业建立各类研发机构和平台，包括企业技术中心、工程研究中心等，重点奖励在海外设立研发机构的企业。例如，浙江鼓励企业通过并购或自建方式在海外设立研发机构，研发投入总金额高于 1000万元的，按研发投入的 5%给予最高不超过 500 万元的一次性奖励。

三是设立"专精特新"重大科技专项板块。部分省（区、市）在地方重大科技专项中设置面向"专精特新"中小企业的专题板块。例如，河南支持"专精特新"中小企业承担国家重大科技战略任务，以及省级重大科技专项、重点研发专项。重庆支持"专精特新"中小企业自建研发中心，通过引导支持，70%的"专精特新"中小企业建立了市级以上的研发机构，2020 年 23 家企业获得创新研发奖励 1003 万元。

四是推进产学研合作。各地主要通过开展产学研联合攻关和组建联合创新机构推进多主体产学研合作。例如，山东聚焦"工业六基"，编制全省产业基础创新发展目录，通过"揭榜挂帅""赛马"等方式深化产学研联合攻关，集中突破一批重要基础产品和关键核心技术；上海支持专精特新"小巨人"企业与高校、科研院所建立"技术攻关联盟"，鼓励企业发挥创新主体作用，依托"同业联盟、异业联盟、产业链联盟、跨界联盟"等方式，创新产学研合作模式。

五是激励知识产权成果产出。部分省（区、市）以高质量专利培育为抓手，加快"专精特新"中小企业知识产权成果产出。例如，江苏开展重点企业"专利倍增"行动，深入实施"专利导航"工程，引导企业围绕核心技术培育高价值专利、开展专利布局，形成"专利池"，加大对"专利大户"的奖励力度。

四、提升质量管理水平

各地从开展质量提升专项行动、加强优质品牌建设、推动国际产品认证和提高企业市场开拓能力等方面，加快提升"专精特新"中小企业质量管理水平。

一是开展质量提升专项行动。部分省（区、市）通过开展专项行动和设立奖项提升质量管理水平。例如，河南设立"省长质量奖"，推广科学的质量管理制度、模式和方法，促进"专精特新"中小企业质量管理创新；浙江开展"质量提升专项行动"，引导"专精特新"中小企业推广应用卓越绩效、精益生产等先进管理方法，积极参评各类政府质量奖。

二是加强优质品牌建设。例如，重庆推动"专精特新"中小企业提升产品质量，促进标准化建设，提高高价值专利的创造能力，导入先进品牌培育管理体系，促进"老字号"品牌的传承与创新。

三是推动国际产品认证。例如，北京支持医药企业积极开展国际产品认证，对近两年内通过美国食品药品监督管理总局（FDA）、欧洲药品管理局（EMA）、日本医药品医药器械综合机构（PMDA）、世界卫生组织（WHO）等国际机构注册，且在北京市生产并在相应国外市场实现销售的药品和高端医疗器械，给予200万元奖励，单个企业年奖励额不超过1000万元。

四是提高企业市场开拓能力。各地政府主要通过加大政府采购力度和举办展会展览、制定产品推荐目录等形式助力"专精特新"中小企业拓展市场。例如，广东安排财政资金对"专精特新"中小企业参展的展位费、布展费、展品运输费等费用中的部分费用给予补贴。

五、加快企业数字化转型

各省（区、市）从推动数字化/智能化改造和产品应用、建设工业互联网平台、共性技术赋能"专精特新"中小企业和加强数字化转型专业诊断服务等方面，推动"专精特新"中小企业数字化发展。

一是推动数字化/智能化改造和产品应用。部分省（区、市）通过出台数字化转型专项政策和开展供需对接等方式，加快"专精特新"中小企业的数字化智能化转型，以推动数字化产品应用，加强工业互联网赋能，提升智能制造水平。例如，山东面向"专精特新"中小企业开展智能化改造标准宣贯、现场诊断和供需对接。每年推广 1000 个以上应用场景，培育智能制造新模式；河南推动"专精特新"中小企业智能化改造，推广应用场景，培育智能制造新模式。

二是建设工业互联网平台。例如，浙江支持"专精特新"中小企业参与行业"产业大脑"建设应用，支持工业互联网平台针对"专精特新"中小企业需求，开发集成一批面向典型场景和生产环节的工业 App。上海鼓励龙头企业建设具有行业影响力的工业互联网平台，打造 10 个以上标识解析二级节点，带动 20 万家中小企业"上平台"。

三是共性技术赋能"专精特新"中小企业。例如，北京推动向中小企业开放高质量场景建设和智算平台算力；浙江推动省内工业云和工业大数据平台向中小微企业开放平台入口、数据信息、计算能力等资源，实现软件与服务、设计与制造、关键技术与标准的开放共享。

四是加强数字化转型专业诊断服务。例如，湖北发挥技术改造咨询诊断服务平台的作用，分行业、分类别引导企业开展数字化转型，形成 1000 家"专精特新"中小企业、"单项冠军"企业，以及 3～5 个国家级先进制造业集群。

六、夯实人才智力基础

各地人才招引与人才培育"双管齐下"，通过完善用工服务保障机制、丰富人才培训活动、建设人才交流平台、提升人才福利待遇等方式，为"专精特新"中小企业招才引智提供支持。

一是完善用工服务保障机制。北京、江苏、湖北等地积极促进劳动力供给。例如，北京建立健全重点企业用工服务保障机制，将"白名单"企业、"专精特新"中小企业，以及即时服务企业、预警企业、后备企业等纳入重点用工保障服务对象清单，提供"一企一策"用工指导和保障服务。

二是丰富人才培训活动。多地开展专项人才培育工程，为"专精特新"中小企业提供高素质人才。例如，江苏实施"英才名匠"人才培训工程，每年培训 10000 名专业技能人才；山东组织各类"专精特新"人才培训活动，组织"专精特新"中小企业家参加国家中小企业经营管理领军人才培训，每年分批分类举办专题培训班。

三是建设人才交流平台。多地政府依托人才服务公共平台建设，引驻人力资源服务机构，提供多元化的人力资源服务。例如，江苏建设运营产业人才大数据平台，利用大数据获取、分析和挖掘等关键技术，整合国家统计、行业统计、大型招聘平台等数据资源，服务于重点行业、领域技能人才需求预测。

四是提升人才福利待遇。大部分省（区、市）加大"专精特新"中小企业人才引进奖励力度，提升人才吸引力。例如，浙江对省级以上"专精特新"中小企业中的经省市认定为高层次人才给予当地同城待遇，在人才评价、住房、子女教育等方面按规定给予支持。

七、强化精准服务支持

各地通过完善服务体系、搭建公共服务平台、丰富服务手段、建立服务保障机制等，为"专精特新"中小企业提供全面而精准的公共服务。一是完善服务体系。北京、浙江等地积极完善中小企业服务体系。例如，北京市建立四个"1+N"服务体系（即"1+N"服务主体、服务专员、服务产品、服务平台），以北京市中小企业公共服务平台为核心，遴选 25 家左右"专精特新"公共服务示范平台，带动 384 家专业服务机构，推出"专精特新"服务包定制化产品 320 款，为"专精特新"中小企业提供专项服务。同时，打造北京通企服版 App，打造惠企服务"万能工具箱"，全方位服务"专精特新"中小企业，仅 2021 年 2—5 月，上线十大类服务产品 299 款、十大类专业培训课程 538 个，提供信息 14997 条，总触达超过 80 万人次。又如，浙江加快建设"三位一体"[①]"三级联动"[②]的公共服务总体架构，推动政府公共服务资源开放互动，

---

① "三位一体"即中小微企业服务中心、中小微企业公共服务平台、中小微企业示范服务机构。

② "三级联动"即省枢纽服务平台、市综合服务平台、县（区）窗口服务平台。

建立全省涉企服务"一张网"。

二是搭建公共服务平台。多个省（区、市）通过建立"专精特新"公共服务平台为中小企业提供精准对接服务。例如，重庆建立市和区县（园区）中小企业公共服务平台体系，在技术创新、智能化绿色化转型、知识产权、市场开拓等方面为"专精特新"中小企业提供精准、高效的专项服务。又如，北京市发挥中小企业公共服务示范平台作用，定制"专精特新"专属工具箱，为企业提供全面诊断、技术创新、上市辅导、工业设计等多门类专业服务，通过中小企业服务券支持企业购买优质服务产品，对服务效果突出的平台给予最高 100 万元的奖励。

三是丰富服务手段。一方面，建立企业成长档案。例如，山东推动市（县）中小企业主管部门建立"一户一档"，实施"一户一策"，重点提升企业创新能力和专业化水平、应对防范风险，以及满足土地供应、加强人才引育等。另一方面，通过政府购买的方式引入服务机构，提供特色化服务。例如，重庆通过政府购买服务等方式，组织各类平台、机构、专家为专精特新企业上门问诊，开展专属服务和定制服务。此外，推出凭"券"兑换公共服务的创新模式。例如，江苏省推出信息化券和创新券，北京市推出专精特新服务券，通过"发券"形式实现公共服务与中小企业的精准对接。

四是建立服务保障机制。一方面，依靠协会。例如，江苏依托江苏省中小企业协会，建立专精特新"小巨人"企业家俱乐部，开展"专精特新"中小企业发展咨询诊断。另一方面，依靠专家。浙江组织一批由熟悉政策、精通企业管理的在职或退休企业家、专业技术人员等组成的专家志愿服务团队，开展针对性的服务工作。此外，依靠服务专员。例如，山东建立各级为企服务联络员机制，"专精特新"中小企业定户到人，每年至少为联系企业解决 1 项困难。

五是推动"专精特新"中小企业集群化发展。多个省（区、市）通过建设产业园和总部基地等方式，加快"专精特新"中小企业集群化发展。例如，广东建立全国首个"专精特新总部基地"，为中小企业提供高品质的产业空间和全产业链条的服务，培育企业集群成长。广州鼓励建设"专精特新"产业园，促进"专精特新"中小企业集聚发展，择优遴选不超过 5 个"专精特新"产业园，按运营管理机构实际运营费用的

50%给予补贴,单个机构最高200万元。"专精特新"中小企业入驻"专精特新"产业园,对租用办公用房、生产用房且自用的,以及购置办公用房且自用的,按购房价格的10%给予一次性补贴,最高补贴500万元。

第二节 培育"专精特新"中小企业面临的制约因素

一、配套政策创新不足,协调机制发挥不充分

我国对"专精特新"中小企业培育工作是在工业和信息化部指导下,由各地工业和信息化部门具体执行的,存在配套政策创新不足、协调机制发挥不充分等问题。一是部分地方政策创新性不够,措施不够精细,主要沿用自中央或其他区域,政策创新空间较为有限,根据本地实际情况"量身定制"不足。二是部分地方政策有效性难以保证。例如,多数省(区、市)对专精特新"小巨人"企业给予一次性奖补,此种方式是否切实关注企业的实际创新工作尚且存疑,资金支持能否达到良好的奖补效果也有待商榷。三是各级中小企业促进工作领导小组协调机制尚需进一步健全。目前,我国主要是各级工业和信息化部门在推动"专精特新"中小企业培育工作,其他政府部门对"专精特新"中小企业支持依然不足,导致扶持政策在一定程度上呈现碎片化特征,尚未形成完整的政策体系。例如,我国针对"专精特新"中小企业尚未出台类似科技型中小企业、高新技术企业等专项税收优惠政策,不利于充分激发企业创新活力。

二、企业技术公共服务体系有待进一步完善

"专精特新"中小企业虽然具有较高比例的研发投入,但是仍面临应用技术供给不足、独立研发能力不强等问题,需要外部技术来源补充和公共技术服务支持,而我国面向"专精特新"中小企业的技术服务体系依然较为薄弱。一是缺乏中小企业跨部门的研发创新项目。我国政府的研发创新扶持项目传统上主要面向大型企业和领军企业,对"专精特新"中小企业关注度不高,缺乏类似于美国、德国、日本等发达国家实施的中小企业研发创新支持计划(如美国SBIR计划)等。二是面向"专

精特新"中小企业的公共技术服务平台建设相对滞后，不能有效整合产业链龙头企业、科研院所和高等学校的技术研发资源，难以满足"专精特新"中小企业在科技成果转化、应用技术创新等方面的需求；特别是产业基础领域的关键共性技术供给不足，难以支撑"专精特新"中小企业开展核心技术突破所需要的基础技术。

三、产业生态中各主体需要进一步加强协同

"专精特新"中小企业必须融入产业链分工协作体系，形成强大的产业链生态系统协同效应才能发挥最大价值。但是，我国制造业产业链生态循环不够畅通，对"专精特新"中小企业再造产业链和重塑产业体系产生不利影响。一方面，促进龙头企业与"专精特新"中小企业之间合作共赢的产业链协同协调机制有待完善。由于缺乏产业链发展的宏观规划和具体指导，产业链经常存在"下游不信任上游（原材料和零部件），上游找不到下游（应用场景）"的矛盾，龙头企业与"专精特新"中小企业之间没有建立合作共赢的长期性、战略性供应链伙伴关系。另一方面，受相关体制机制因素的制约，我国尚未形成成熟的"产学研用"融合的协同创新体系，技术创新协作模式和利益分配机制尚不清晰，科技成果转化不畅，导致科研机构成果"束之高阁"、产业领域产品创新不足，创新链上的各个主体"各自为战"，科研机构与市场主体之间出现割裂。

四、资金、人才等关键要素供给有待加强

"专精特新"中小企业发展仍面临资金、人才等关键要素的制约。一方面，融资服务体系不够完善。在直接融资方面，"专精特新"中小企业主要为"大企业、大项目"做配套，终端市场知名度不高且生产投资大、周期长，往往难以获得资本市场的青睐。在间接融资方面，"专精特新"中小企业规模不大，传统抵押物或质押物不足，往往难以获得银行中长期信贷支持。另一方面，科技人才尤其是高端技能人才缺乏。相对于大型企业，"专精特新"中小企业对人才吸引力不强，在引进高层次人才时处于弱势。同时，由于我国现有教育体系对技能人才培养局

限，高端技能人才供给还存在较大缺口，难以适应企业的发展需要。

第三节 对策建议

一、充分发挥协调机制作用，加强优质中小企业梯度培育

一是推动地方充分发挥各级促进中小企业发展协调机制作用，加强部门间联动，激发更多"专精特新"中小企业，统筹推进包含创新、财税、金融和人才等政策体系建设，强化政策之间的系统衔接和配套互补。鼓励地方和中央政府"专精特新"中小企业培育政策加强联动，细化具体措施，提升政策精准性和有效性。二是建立"专精特新"中小企业数据库，进一步细化梯度培育层级，优化企业分类。健全潜在"专精特新"中小企业发现和培育机制，对具有"专精特新"发展潜力的企业早发现、早培育。三是完善"孵化—培育—扶持—引导"递进式培育机制，科学制定针对性强的分阶段梯度培育计划，推动"专精特新"中小企业实现从初创孵化到成长发展，再到成熟壮大的生命周期递进。四是定期组织第三方机构对扶持政策覆盖面、匹配度、落地性等进行评估，根据评估结果动态调整支持政策及支持方式。

二、完善产业生态体系建设，推动大中小企业融通发展

一是构建产业链上下游分工协作的良好生态。鼓励龙头企业向"专精特新"中小企业开放场景应用、共享生产要素，吸引上游企业参与下游企业的产品开发。二是加强产业链发展的宏观规划与协调指导。推动龙头企业与"专精特新"中小企业建立利益共享、风险共担机制，探索采取战略合作、股权连接、大型企业裂变、共享制造平台等模式，促进上下游企业之间的整体配套、有机衔接。三是联合科研院所、金融机构、龙头企业及专业化服务商等多元主体，共同打造支撑"专精特新"中小企业发展的多元化服务生态，促进"专精特新"中小企业融入本地产业生态。四是加快培育中小企业特色产业集群。探索建设"专精特新"产业园、"专精特新"特色产业基地等先进模式，提高"专精特新"中小企业的产业拓展能力，厚植中小企业成长沃土。

三、加快中小企业数字赋能，提升品牌核心竞争力

一是提升"专精特新"中小企业的数字化应用水平。支持有条件的"专精特新"中小企业建设数字化车间、智能生产线和智能工厂，打造智能化生产方式，推进数字化、智能化技术在"专精特新"中小企业的深度应用。二是推动企业实施品牌战略，聚焦主业，不断强化差异化竞争优势，塑造具有国际市场影响力的品牌。指导中小企业积极参与国际国内标准制定，打造高技术、高品质、高附加值的出口产品。三是引导中小企业健全内部管理体制，以规范化、系统化的规章制度来提升企业效益，对标龙头企业的管理体系，推广先进的管理理念、系统和方法，逐步建立精细、全面的管理制度，提高产品性能、稳定性及质量一致性。四是进一步加强对科学家精神、企业家精神和工匠精神的宣传与引导，塑造与"专精特新"发展契合的社会文化价值观。

四、强化共性技术服务供给，持续提升企业创新能力

一是加强关键共性技术供给。聚焦工业"六基"领域和制造业核心细分领域，布局建设一批重点面向"专精特新"中小企业、产业基础领域的公共技术研发平台和新型共性技术研发平台，分门别类协调解决"专精特新"中小企业遇到的跨行业、跨领域共性技术难题。二是完善面向"专精特新"中小企业的公共技术服务体系。加强公共技术服务机构能力建设，建立健全服务质量标准和评价激励机制，根据"专精特新"中小企业的成长阶段和技术需求特征，对技术培训、咨询、交易、检验检测等方面提供多层次、全生命周期的定制化技术赋能服务。三是加大"专精特新"中小企业研发创新项目支持。在国家重点研发计划重点专项中，单列一定预算资助"专精特新"中小企业进行研发活动，引导企业持续加大研发创新和关键核心技术攻关。推动龙头企业、高校和科研院所向"专精特新"中小企业开放创新资源，广泛吸纳"专精特新"中小企业参与组建创新联合体，开展高端和前瞻技术研发，提升细分领域创新能力。

五、加大关键要素资源引导，保障企业发展生命力

一方面，持续提高"专精特新"中小企业的融资可得性。在直接融资方面，进一步完善多层次资本市场体系，尽快健全北京证券交易所的相关规章制度，加强优质中小企业上市培育，加大政府投资基金政策引导，带动社会资本扩大直接融资规模。在间接融资方面，鼓励商业银行加快扩大知识产权质押融资业务规模，积极开发面向"专精特新"中小企业的专利权质押、商标专用权质押等金融产品，为"专精特新"中小企业量身打造专属的信贷产品。另一方面，加强企业人才智力支持。分行业、分区域搭建"专精特新"中小企业高层次人才对接平台，优化高层次人才引进和认定通道，在国家和地方人才计划中对"专精特新"中小企业予以倾斜，大力支持专精特新"小巨人"企业引进高端人才或急需紧缺人才。完善技术技能型人才的教育培训体系，支持高等教育、职业培训围绕产业需求开设专业学科与课程，壮大面向"专精特新"中小企业的高水平工程师和高技能人才队伍。

第五章

健全中小企业公共服务平台体系研究

近年来，为贯彻落实党的二十大报告关于"支持中小微企业发展"有关要求，国家及地方中小企业主管部门以《中小企业促进法》为基础，从中小企业实际发展需求出发，不断完善央地联动、多服务领域并举的公共服务平台体系。在国家"中小企业活动月""一起益企"服务等中小企业服务活动的号召下，各级中小企业公共服务示范平台充分发挥引领带头作用，汇聚各类优质服务资源，深入企业、园区、集群开展服务活动，助力中小企业提振信心，实现高质量发展。

第一节　国家助推中小企业公共服务平台的发展经验

一、完善中小企业公共服务示范平台认定办法

2022 年，工业和信息化部牵头组织开展了《国家中小企业公共服务示范平台认定管理办法》的修订工作，突出中小企业公共服务示范平台的公共性、平台性、示范性作用，进一步加强认定后的指导、支持和动态管理。截至目前，国家级中小企业公共服务示范平台已开展了十批评选工作，累计评审出管理规范、业绩突出、公信度高、服务面广、具有示范带动作用的公共服务平台 1853 家。国家中小企业公共服务示范平台以中小企业健康发展的公共服务需求为导向，不断提高对中小企业的政策、信息、技术、培训等公共服务水平；以《"十四五"促进中小企业发展规划》为指引，积极发挥国家中小企业公共服务示范平台的带动作用，建立健全横向聚集政府公共服务、市场化服务、社会化公益服

务各类资源，纵向贯穿国家、省、市的网络化、智慧化、生态化的中小企业公共服务平台体系。

二、强化中小企业公共服务平台建设服务要求

在国家支持中小企业发展的重要指导文件中，也提到了加强中小企业公共服务平台建设的相关内容。

工业和信息化部印发的《关于开展 2023 年"一起益企"中小企业服务行动的通知》提出，以"精准服务，助企惠企"为主题，面向中小企业实际需求，充分发挥各级中小企业公共服务机构、中小企业公共服务示范平台、小微企业创业创新示范基地和中小企业特色产业集群引领带动作用，汇聚各类优质服务资源，深入企业、园区、集群开展服务活动，助力中小企业提振信心，加快复苏，实现高质量发展。同时提出，以中小企业实际需求为导向，结合本地实际，聚焦中小企业新冠疫情后恢复的"急难愁盼"问题和制约中小企业创业创新发展的痛点、难点问题，重点开展政策入企服务、创业培育服务、技术创新服务、数字化/绿色化转型服务、育才引才服务、管理提升服务、投融资服务、市场开拓服务、权益保护服务。

工业和信息化部印发的《促进中小企业特色产业集群发展暂行办法》提出，各级中小企业主管部门充分发挥集群运营管理机构、龙头企业、商协会、专业机构、各级中小企业公共服务示范平台和小型微型企业创业创新示范基地作用，不断完善提升集群服务体系。

工业和信息化部等十一部门联合印发的《关于开展"携手行动"促进大中小企业融通创新（2022—2025 年）的通知》指出，推动各类平台强化融通创新服务。引导国家制造业创新中心、产业创新中心、技术创新中心将促进融通创新纳入工作目标，引导中小企业公共服务示范平台、制造业双创平台设立促进融通发展的服务产品或项目，加强对融通创新的服务支持。

此外，工业和信息化部为深入了解当前中小企业服务体系建设和服务情况，响应大兴调查研究之风的号召，工业和信息化部中小企业局赴天津、安徽、江苏、浙江、上海等地开展中小企业服务体系工作情况调研。通过与当地主管部门座谈，深入了解地方中小企业服务体系建设情

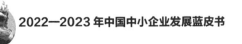

况，中小企业公共服务机构建设、运营和服务情况，以及面临的主要困难和问题，大力推进中小企业公共服务示范平台建设。

三、不断扩大中小企业公共服务惠及面

国家主管部门积极指导构建线上中小企业公共服务平台，与线下中小企业公共服务平台联动衔接，不断扩大对中小企业公共服务的覆盖面。

在政策信息服务方面，工业和信息化部指导国家工业信息安全发展研究中心构建了国家中小企业政策信息互联网发布平台，梳理汇总并及时更新中央和地方政府关于中小企业的相关政策文件，助推企业及时跟进国家政策动向，不断优化企业战略发展布局。

在技术创新服务方面，工业和信息化部构建了"创客中国"国家创新创业公共服务平台，集聚创新创业资源，构建产业上下游融合生态圈，推动中小企业转型升级和创新发展。中国科学技术协会指导构建了中国科协企业创新服务中心，旨在开展与企业相关的技术创新、信息推广、学术交流、人才培养、科普教育等活动，促进企业不断提高技术创新水平，加速向"专精特新"方向发展。

在投融资服务方面，国家发展改革委、商务部、证监会等部门联合指导构建了全国中小企业融资服务平台、全国中小企业股份转让系统、中小企业行业信用公共服务平台，汇聚各方面金融资源，拓宽中小企业融资渠道，着力解决中小企业"融资难、融资贵"问题。

在培训教育服务方面，工业和信息化部指导构建的国家中小企业人才引进公共服务示范平台、人力资源和社会保障部指导构建的国家职业技能提升培训服务平台，致力于为各细分行业的中小企业提供专业技术人才的优化配置和职业成长服务，不断为中小企业输送高水平、专业化的人才。

第二节　地方发展中小企业公共服务平台的典型经验

各地积极落实国家助推中小企业公共服务平台发展的相关政策要求，依托各省（区、市）中小企业公共服务平台，以政策信息服务、技

术创新服务、融资投资服务、教育培训服务和专家志愿服务为重点，不断优化完善中小企业公共服务平台，助推中小企业高质量发展。

一、政策信息服务

北京市依托北京市中小企业公共服务平台，建立了线上中小企业政策库，汇集政策信息，并通过微信公众号等网络端口发布；线下深入各联网窗口，通过举办一系列政策宣贯、政策解读、"一对一"政策咨询等活动，解决政策"最后一公里"难题。2023年4月，该平台组织开展了《中小企业促进法》系列宣贯直播活动。将中小企业重点政策的要点、难点、疑点进行逐一解析，帮助企业更高效、更精准地掌握政策信息。

上海市经济信息化委员会会同市财政等部门建立了上海市企业服务云，并以此作为上海市服务中小企业的官方平台。为切实解决企业在享受政策红利过程中遇到的"政策难找、难解、难报"等问题，特别推出"惠企政策一窗通"，该窗口集成政策检索、政策匹配、政策申报等功能，让企业享受政策变得"触手可及"。2023年，上海市企业服务云联合朗动信息咨询（上海）有限公司免费为中小企业开展扶持政策宣讲服务，针对中小企业普遍反映对政策"不知晓，不会用，不明白"的问题，帮助企业更好地了解政策、熟悉政策、用好政策，专题开展税收优惠政策、高新技术产业化专项支持政策、技术改造专项支持政策、重大装备研发专项优惠政策、企业上市扶持政策、重大技术装备首台（套）支持政策、人才引进政策的宣贯解读，致力于打通政策落地"最后一公里"。

山西省依托山西省中小企业公共服务平台，下设"政策信息服务"子平台。该平台遵循"广覆盖、强服务、见实效"的运营服务理念，突出跨部门政策信息的及时发布和推送的主体功能，突出政策在线解读和咨询服务的功能，以及政策对接和帮办服务功能。2022—2023年，该平台开设了政策解读云课堂，聚焦"专精特新"中小企业培育认定、融资担保、北交所上市、普惠金融、知识产权质押等企业关注的话题，以视频的方式制作成《中小企业云课堂》系列讲座。《中小企业云课堂》内容全面、深入浅出，对中小企业了解和运用政策有较强的指导性和可操作性。

二、技术创新服务

四川省依托四川省中小企业公共服务云平台，开设了"科技创新"服务板块，整合技术开发、知识产权管理与认证、环境检测、数据分析、可视化应用等领域的优质服务供应商，引导企业与服务供应商直接对接，有效解决企业技术创新过程中遇到的问题。2023 年 2 月，该平台举办了"打通政企沟通桥梁，优化对企服务平台"经验交流视频会，为企业分享了运用标准化的智能制造诊断服务流程、"智改数转"技术与意识的双重引导等信息，推动中小企业加速实现数字化转型。

福建省依托福建省中小企业公共服务平台，下设"福企云平台"。"福企云平台"作为福建省企业上云的重要服务入口，通过汇集与整合平台服务商、应用服务商、安全服务商及公共服务机构等云服务商资源，为全省企业提供云基础资源、工业互联网平台能力、大数据应用和行业云解决方案等"一站式"云服务，促进企业数字化转型，助力云计算产业发展。2023 年 3 月，"福企云平台"协办了第八届"创客中国"福建省中小企业创新创业大赛暨第六届"创响福建"大赛。本届大赛以促进产业集群和产业链大中小企业融通为主题，更好地发挥创新创业对提升产业链供应链竞争力和稳定性的作用，引导中小企业提振创新创业热情，加速向"专精特新"发展。

三、融资投资服务

北京市依托北京小微企业金融综合服务平台，充分发挥该平台专业化优势和各业务板块的协同作用，通过金融科技手段提高小微企业融资效率，为小微企业提供涵盖全生命周期的金融服务。2022 年 2 月，该平台联合北京市投资促进服务中心通过网络直播方式组织了"中小微企业融资银企对接说明会"，会上不仅解读了《关于继续加大中小微企业帮扶力度加快困难企业恢复发展的若干措施》中的金融支持措施，还邀请中国银行、建设银行、民生银行、宁波银行、中信银行、中信证券及北京金控小微企业金融服务平台等多家在服务中小微企业方面各具特色的金融机构，7 万余家在京企业相关负责人参会并与参会的金融机构建立直接联系，此次对接会为中小企业提供了理解各大金融机构助企纾困的措施和获取融资产品的平台。

福建省依托福建省中小企业公共服务平台，下设的"产融云"子平台。该子平台立足于福建省中小企业金融服务需求，汇聚全省优质金融服务资源，打造线上/线下同步对接、永不落幕的"政银企"对接会，形成集快速融资、产品丰富、专属服务、精准匹配、权威可靠、全程跟踪于一体的产业链/金融链生态圈。2023 年 3 月，该子平台开展了"产融合作·助力'专精特新'中小企业高质量发展"投融资对接活动，组织了优质项目路演、企业与投资机构互动等活动，引导"专精特新"中小企业积极对接社会资本，纾解企业融资难题。

四、教育培训服务

宁夏回族自治区依托宁夏企业公共服务平台，开设了"人才与培训"服务板块，围绕企业经营管理、市场营销、财税管理、信息化技能等与企业发展密切相关的领域，开设了在线平台课程。2023 年 4 月，该平台协助贺兰县科学技术和工业信息化局举办了"银川市科技创新领军人才和科技创新团队政策解读及选拔培养项目培训班"，加强科技创新和人才团队建设有关政策宣传，大力选拔培养一批高层次科技领军人才和科技创新团队。

内蒙古自治区依托内蒙古自治区中小企业公共服务平台，下设"人才与培训服务"板块，整合员工培训、人力资源培训、财税管理培训等教育培训资源，引导企业与服务机构直接对接，加快企业人才培训效率，有效提高企业人才专业化能力。2023 年 4 月，该平台协助举办了"2023年全区科技型中小企业、高新技术企业政策宣讲培训会"。本次培训会为深入实施"科技兴蒙"行动，帮助中小企业深入学习科技政策，推动创新型企业"双倍增双提升"行动取得实效。

五、专家志愿服务

广东省依托广东省中小企业志愿服务平台，积极整合数字化转型、智能制造、技术创新、行业规划、外贸、财会、法律等业内专家、优秀企业家、企业高管、园区高级管理人员、高校及科研院所学者积极加入中小企业志愿服务专家团队。以线下深入企业走访与线上教育咨询相结合的方式，帮助企业免费解决数字化转型、法律、财税、融资、技术、市场、人才等领域问题，助中小企业高质量发展。2023 年 4 月，该平台开展了"企业家论坛知识产权专题讲座"活动。本次活动邀请到专业的知识产权专利代理师为中小企业开展公益讲座，以知识产权的基础概念为切入点，围绕知识产权如何助推初创企业发展、知识产权观念的建立、企业不同发展阶段的知识产权体系构建等，为初创企业代表进行了全方位的分享讲解。

浙江省依托浙江省中小企业公共服务平台，为帮助中小企业有效解决发展过程中遇到的债券债务纠纷、合同纠纷、人事纠纷等法律问题，浙江省经信厅、浙江省司法厅、浙江省法学会中小企业法学研究会组织设立了浙江省企业综合平台线上律师团，以直接电话对接律师的形式，为中小企业提供公益性法律咨询服务。2023 年 2 月，该平台以云直播形式开设了"公司法律服务设立期典型问题与典例透析"公益讲座活动，为中小企业深入浅出地讲解了公司设立、股东出资、股东承担公司债务等企业经营时的基础法律问题，增强中小企业合法经营意识。

第三节　国家级中小企业公共服务示范平台服务开展情况

国家级中小企业公共服务示范平台作为为中小企业提供公共服务的优质载体，深入结合新一代信息技术发展趋势，从中小企业实际经营发展需求出发，不断提高对中小企业的技术创新服务、信息咨询服务和教育培训服务能力，助推中小企业向"专精特新"方向发展。

一、技术创新服务

国家级中小企业公共服务示范平台围绕智能制造、工控系统、评测认证等领域，与众多优质服务机构展开战略合作，具有较高的组织技术服务资源能力，建有内/外部专家库、新产品库、新技术项目库，推进精密仪器设备与中小企业共享，积极开展技术洽谈、产品检测与质量品牌诊断、技术推广、项目推介等与中小企业相关的公共服务活动。近年来，国家级中小企业公共服务示范平台聚焦智能制造、数字化赋能、评测认证等技术服务维度，为中小企业提供智能制造评估、云测试、网络安全、机器人产品测试等技术服务，不断提升技术创新服务层次，有力推动中小企业数字化转型升级。

（一）助力企业"智改数转"的智能制造核心能力评价服务

为推动数字化、网络化、智能化赋能中小企业，推动中小企业实现数字化管理和运营，提升智能制造和"上云用云"水平，国家级中小企业公共服务示范平台对企业开展的数字化、网络化、智能化服务主要体现在智能制造核心能力评价服务方面。该服务依据《智能制造能力成熟度模型》《智能制造能力成熟度评估方法》等文件的要求，参考德国机械设备制造业联合会（VDMA）的"工业4.0"能力成熟度评价、"工业4.0"工具箱及美国工业互联网联盟（IIC）的智能工厂生态体系标准等国际知名智能制造架构，吸收丰田、GE、海尔、三一重工等智能制造、精益生产、流程优化的先进经验，按车间、工厂两个层级，建立并不断完善企业智能制造核心能力评价指标体系。基于该评价指标体系，国家级中小企业公共服务示范平台组织细分行业专家，深入参评企业生产现场环境，通过多维考察、线上员工自测、线下专家访谈、先进水平对标等手段，对企业的工厂规划、装备与控制系统、信息系统、生产水平、能源管控等业务环节能力水平现状以百分制形式进行定量打分，加权平均后得出企业智能车间诊断的总评分，然后参照智能制造能力成熟度理论，按初始级、基础级、规范级、优秀级、卓越级5个级别对车间现状进行精准定位，找准关键指标的差距及根源。针对企业现状和存在问题，有针对性地提出3～5年内企业建设智能车间的具体方案，分析方案的可行性及改善重要度与优先级，并提出建设路径规划和改善建议。通过智能制造诊断服务，促进企业在市场研判、产品研发、生产组织、经营管理、仓储物流、销售推广、服务增值等环节发展和应用数字化技术，打通全流程数据链，促进协同创新，提升中小企业快速响应市场需求的能力。

（二）助力企业软件产品提质增效的软件测试服务

国家级中小企业公共服务示范平台开展的软件产品登记测试服务从功能实现的正确性、安全性、易操作性，以及用户文档易理解性等方面，对企业软件产品的功能性、易用性等维度进行质量测试，并将检测结果与企业软件产品的需求功能进行对比，推动企业不断提升软件产品质量，提升产业竞争力。国家级中小企业公共服务示范平台结合信创云计算产品测试大纲，为中小企业大规模开展信创云计算产品质量测试服务，重点测试云计算产品在信创平台上的功能完整性、性能效率、安全性、兼容性等性能，为中小企业业务系统信创转型保驾护航。国家级中小企业公共服务示范平台结合云计算供应商在国产化转型适配过程的切实需求，主要为中小企业提供产品确认测评、产品适配测评、技术鉴定测试等软件产品与信息系统测试服务，助力中小企业在信创国产化转型阶段稳健发展。此外，国家级中小企业公共服务示范平台积极拓展云测试技术服务维度，开展信息技术服务标准（ITSS）云服务能力评估服务，通过管理体系和技术体系两个维度评估云计算中小企业服务能力，助力提升云计算中小企业的市场竞争力。

（三）助力企业信息系统安全的检测评估服务

国家级中小企业公共服务示范平台依据国家信息安全等级保护制度规定，依据 GB/T 22239—2019《信息安全技术 网络安全等级保护基本要求》和 GB/T 28448—2019《信息安全技术 网络安全等级保护测评要求》等管理规范和技术标准，从技术上的安全物理环境、安全通信网络、安全区域边界、安全计算环境、安全管理中心 5 个方面，对企业非涉及国家秘密信息系统安全等级保护状况进行检测评估。对于信息系统尚未符合要求的企业，国家级中小企业公共服务示范平台深入企业进行面对面交流，帮助企业分析和评估其潜在威胁、薄弱环节及现有安全防护措施，综合考虑信息系统的重要性和面临的安全威胁等因素，提出相应的整改建议，并在系统整改后进行复测确认，以确保整改措施符合相应安全等级的基本要求。近年来，国家级中小企业公共服务示范平台为中小企业开展了网络安全等级保护测评、网络安全风险评估、渗透测试、源代码安全测评、App 安全检测等服务，不断强化为中小企业提供高质量的信息系统安全检测评估能力，大力推动数字化赋能中小企业，为中小企业开拓市场提供强有力的信息系统安全保障。

（四）为企业机器人产品提供"一站式"综合服务

国家级中小企业公共服务示范平台持续聚集扩充机器人行业的各类优势资源，为产业链上下游企业提供"一站式"支撑服务，服务主要包括检验、检测、计量、认证、咨询、培训、成果转化等。在检验服务方面，国家级中小企业公共服务示范平台为企业提供具有高价值和公信力的机器人产品专项检验报告，帮助企业顺利推动产品改进、产品交付、项目验收等。机器人产品测试对象覆盖机器人产品整机、软件、关键零部件和集成系统，测试项目包括信息安全和功能安全等内容。在认证服务方面，国家级中小企业公共服务示范平台主要为企业开展工业机器人认证、服务机器人认证、物流机器人认证、民用无人机认证等，认证类型涵盖功能、性能、机械电气安全、电磁兼容和功能安全认证等方面。近年来，国家级中小企业公共服务示范平台聚焦机器人嵌入式软件系统研发、核心零部件生产、机器人本体制造、系统集成及行业应用等领域的关键技术问题，积极为中小企业开展了产品机械电气安全、功能安全、信息安全、智能化评价等功能/性能可靠性检测认证技术服务，推动中小企业不断提高自身技术水平，向"专精特新"方向发展。

二、信息咨询服务

国家级中小企业公共服务示范平台的信息咨询服务，充分利用信息网络技术手段，形成便于中小企业查询的、开放的信息服务系统，为中小企业提供成功案例类、决策支撑类、信息查询类、应用推广类的信息服务。近年来，国家级中小企业公共服务示范平台聚焦研究咨询、会展交流、资源整合等信息服务维度，以智库研究、会展策划、网媒宣传为重点服务领域，在帮助中小企业纾解发展痛点、开拓市场空间、对接优质资源等方面，发挥了重要的信息支持作用。

（一）充分发挥线上会展赛训平台，助力中小企业开拓市场

中国电子信息产业发展研究院作为国家级中小企业公共服务示范平台，充分发挥线上会展赛训平台作用，为中小企业市场开拓提供有力支撑。"赛迪会展赛训平台"是综合集成会议信息发布、用户参会数据收集及行为智能分析、会议视频直播与回看等功能的云会议服务平台，积累了丰富的专家数据库、观众数据库、内容库，为中小企业对接优质资源，加强企业间交流合作，增加市场发展机遇提供了有力的平台支撑。2022 年，"赛迪会展赛训平台"为"产业链供应链韧性与稳定国际论坛""2022 世界计算大会""2022 世界集成电路大会""2022 世界显示大会""2022 世界智能网联汽车大会""2022 中国国际数字经济博览会""2022 年全国工业和信息化技术技能大赛—集成电路 EDA 开发应用技术技能赛"等多场国内外重要赛会提供线上会务信息服务，分别为浙江、湖南、安徽、四川、北京、河北等省（区、市）的中小企业为计算机产业、集成电路产业、显示产业、智能网联汽车产业、数字经济领域等前沿信息技术产业提供了展示自我高质量发展成果、产业链供应链优质资源对接、深化企业与"政产学研用"领域深度沟通交流、明晰前沿产业发展趋势、增加市场开拓机遇的专业化、高端化、国际化平台支撑。

（二）聚焦中小企业热点问题，不断提升研究咨询质量

国家级中小企业公共服务示范平台在对企研究咨询方面，以中小企业急需解决的热点问题为重点研究领域，为企业提供深度的研究咨询服务。近年来，国家级中小企业公共服务示范平台聚焦应收账款回收、"融资难融资贵"、数字化转型、"专精特新"发展、"一带一路"建设等中小企业"急难愁盼"问题和关注热点，不断加强对中小企业相关问题的研究深度，为云南、湖南、广西、西藏、江西等多个省（区、市）中小企业发展、中小企业合作区建设、优质营商环境打造提供了专业的信息服务，帮助中小企业纾解发展痛点，助力地方中小企业加速实现高质量发展。

三、教育培训服务

国家级中小企业公共服务示范平台在开展教育培训服务方面，深入

实施中小企业人才培育计划，围绕提升中小企业经营管理水平、引领产业中高端发展要求，以集中辅导为主要方式，辅以考察学习、管理咨询、交流研讨、在线教育等形式，为中小企业人才培育和管理提升提供全方位、多层次的服务。近年来，国家级中小企业公共服务示范平台不断完善培训服务体系，稳步提升线上和线下培训能力，聚焦"专精特新"发展、信息化人才培育、专业技能提升等方面的培训服务，积极拓展教育培训服务内容，提升对企赋能效果。

（一）聚焦企业"专精特新"发展，开展多项精品培训服务

近年来，国家级中小企业公共服务示范平台积极加强与科研机构、大学、中/高等职业院校、专业学/协会、企业联盟、社会培训机构，以及省、市、区（县）中小企业服务中心等的广泛合作，开展多项精品培训课程，助力中小企业"专精特新"发展。面向中小企业，提供从企业战略、企业文化、集团管控、公司治理、信息化管理、人力资源、组织变革，到营销策略、品牌提升、上市辅导、资本运作及商业模式创新等企业管理咨询和培训服务。面向电信、能源、制造、信息、物流、食品、医药、军工等领域的中小企业专业技术人才，提供智慧城市、智能制造、工业互联网、物联网、云计算、大数据、人工智能、虚拟现实、区块链等前沿技术咨询和培训服务。通过上述举措，努力提高中小企业专业人才创新能力和管理水平，助推中小企业信息化、智能化进程。近年来，国家级中小企业公共服务示范平台以中小企业发展能力提升为出发点，聚焦"专精特新"发展、数字经济、信创等热点领域，加强对精品课程的打造。同时，国家级中小企业公共服务示范平台加强对优势研究领域的培训延伸和转化，以中小企业发展需求为课程开设方向，以深入企业园区为主要服务方式，开展了数字经济、企业数字化转型、"专精特新"发展等专题培训课程。

（二）加强中小企业在工业和信息化领域的专项培训

近年来，国家级中小企业公共服务示范平台结合国家对工业和信息化领域专项人才培养需求，积极开展职业技术培训课程、专业技术人员素质测评、软件外包职业能力测评，以及信息技术类、通信类职业英语考试等项目，为中小企业打造了工业和信息化领域独具特色的专业培训。近年来，国家级中小企业公共服务示范平台持续深度参与全国信息技术人才培养工程的组织与实施工作，结合中小企业对信息技术的人才需求，不断丰富和完善远程教育、面授培训、培训咨询、培训教材策划出版等培训服务工作。从企业信息技术的实际需求出发，深入分析数字化技术应用场景和相关人才能力需求，积极拓展企业实战课程内容。持续推进软件运营服务（SaaS）培训平台优化迭代，探索开展线上实验室场景培训课程，增加线上招聘系统和人才测评系统，不断完善信息技术人才数据管理。

（三）为中小企业开展多元化的专业技能培训服务

国家级中小企业公共服务示范平台开展的培训服务本着"共享、共建、共受益"的合作原则，加强与政府部门、高校和企业合作力度，进一步深化合作内涵，为中小企业打造多元化的专业培训平台。近年来，国家级中小企业公共服务示范平台开展的培训服务立足于实践基础，注重培训实效，构建了"培训+咨询+IT+人才"的立体化培训模式，有效整合了国内外政府部门、企业、高校、服务机构多种资源，组建了雄厚师资阵容。目前，已经建成工业互联网实训中心、工业机器人实训中心、服务机器人实训中心、软件测试实训中心、智能移动终端 App 实训中心、光伏实训基地、智能网联汽车实训基地等多个实训场所。实训基地的建设实现了实训教学的综合性、现场性、开放性和双主体性。近年来，国家级中小企业公共服务示范平台围绕热点技术领域，持续做好专业技术培训工作，面向企业大力开发系统集成、通信测试、贯标认证、信创、网络安全等热点领域的技术培训，推动中小企业紧跟前沿技术发展动向，增强对信息技术的应用能力，提高竞争能力。此外，国家级中小企业公共服务示范平台积极开展游学、考察、论坛、沙龙、讲座等多种形式的学习活动，为参训人员打造多元化的学习交流平台；丰富出版物品类，完善数据库和在线教育平台建设，为参训人员自主学习提供高质量的资料素材；加强与各级政府、服务机构合作，为开展国际合作提供信息渠道和平台；打造全方位、多元化的专业技能培训服务。

第四节　下一步工作建议

一、持续提升中小企业公共服务示范平台的对企支撑作用

一是继续加强各地中小企业公共服务示范平台各板块服务建设。发挥中小企业公共服务示范平台的引领带头作用，定期深入园区、企业开展形式多样的服务活动，不断完善服务体系、优化服务内容、加强平台与企业互动，增强服务针对性，提升企业获得感。二是加强中小企业公共服务示范平台间的联通协作。推动各中小企业公共服务示范平台间互访交流，积极分享对企服务经验，不断调整和优化对企服务内容。加强各级线上示范平台、"政产学研用"优质助企资源互联互通，丰富和延伸线下服务，有效发挥线上平台的助企作用。

二、加强中小企业公共服务平台与专业机构互联共建

一是加强各地中小企业公共服务示范平台建设。发挥各地中小企业主管部门的牵头组织作用，在现有对企优质服务机构载体基础上，规范运营方式，促进社会优质资源助力，提升中小企业公共服务示范平台开展服务的专业化程度。二是完善实体设施与线上平台。以中小企业生产经营实际需求为导向，推动中小企业公共服务示范平台与专业服务机构联动发展，不断丰富服务内容、完善服务场景、提升线上平台品质，提高服务与生产实际间的转化率。

三、增强对企业信息服务的深度

紧密结合中央和地方政府对提升中小企业高质量发展的政策文件精神，聚焦中小企业"专精特新"发展，不断增强对企业信息咨询服务的深度，切实解决中小企业经营发展中面临的重要问题。以理论结合实际、信息服务企业为导向，通过深入走访企业、定期举办学术研讨、开展企业家座谈等形式，形成对中小企业发展现状的深刻判断，逐步形成促进中小企业高质量发展的理论体系、战略体系、评估体系和措施体系，紧密围绕中小企业技术创新、转型升级、产业竞争、新动能构建、园区建设等与企业发展密切相关的领域，不断提高对企业信息服务的针对性

和专业化程度，进一步树品牌、立形象，提高信息服务的社会影响力。

四、完善中小企业培训课程体系

一是开展定制化培训。引导培训机构定期组织入企深度调研活动，明确当前中小企业发展痛点、难点、堵点，坚持"一企一策"服务原则，为企业定制个性化培训方案并及时调整授课内容，增强企业破解问题和优化运营的能力。二是引导企业积极参与前沿技术培训。以津贴奖补和公益性培训相结合的方式，鼓励中小企业积极参与前沿技术理论解读、实操应用等相关培训，增强企业对前沿技术的触达感知，提升企业技术创新内驱力。三是管理运营与专业技能培训并重。引导业务基础深厚的机构/载体，继续深化优势课程的品质提升，积极开拓管理运营、专业技能维度的新品课程，打造管理与技术培训均衡发展的课程体系。

第六章

科技服务业促进中小企业发展的经验借鉴

　　科学研究与技术服务业（以下简称"科技服务业"）是现代服务业的重要组成部分，也是促进中小企业高质量发展的重要支撑。近年来，科技服务业在全球快速发展。美国、日本、德国等发达国家的科技服务业类型丰富、组织形式多样，在支持中小企业创新发展方面已有较多探索。我国可借鉴美国、日本、德国等发达国家科技服务业促进中小企业发展的先进经验，进一步完善支持我国中小企业创新发展的政策体系。

第一节　科技服务业的内涵与类型

　　从概念外延看，科技服务业是指运用现代科技知识、现代技术、分析研究方法，以及经验、信息等要素，向社会提供智力服务的新兴产业，主要包括科学研究、专业技术服务、技术推广、科技信息交流、科技培训、技术咨询、技术孵化、知识产权服务、科技评估和科技鉴证等活动。

　　从基本类型看，2005 年我国开始设立科技服务业统计，列在国民经济行业分类的 M 门类中，具体包括 75、76、77、78 四个大类，分别是研究与试验发展、专业技术服务业、科技交流和推广服务业、地质勘查业。按照《国家科技服务业统计分类（2015）》标准，我国科技服务业范围界定为科学研究与试验发展服务、专业化技术服务、科技推广及相关服务、科技信息服务、科技金融服务、科技普及和宣传教育服务、综合科技服务七大类，这七大类中又包含 24 个中类、69 个小类。综合来看，可将科技服务业按服务内容的差异性划分为科技信息、科技设施、科技贸易、科技金融和企业孵化器五大类型。

信息服务业具备 4 个基本特征。一是专业性。科技服务业的从业主体具有专业的技术、研究方法和创新手段，以支撑其开展科学技术活动。二是知识密集性。以知识和技术为特征的科技服务业要求从业人员掌握科学知识，具备专业能力。三是高附加值性。科技服务业提供的专业化产品或服务均以智力资源和技术资源为主，高技术含量带来高附加值率。四是辐射带动性。科技服务业作为聚集创新资源的基础载体，催生的创新成果不仅对科技服务业自身发展有促进作用，而且带动了科技创新链上相关联的其他产业，包括生产要素、市场主体和科技创新的发展，尤其是促进了中小企业的快速发展。

从与中小企业的关系看，科技服务业既是中小企业集中分布的行业，又是主要服务中小企业的行业。科技服务业能为中小企业提供技术、人才、信息和社会资本等异质性资源，从而助推中小企业创新发展。科技服务业汇聚了多样的科技研发资源和科技扩散资源，前者为中小企业提供了创新所需的技术开发资源，后者为中小企业提供了科技成果商业化所需资源。科技服务业中的科技中介能够更好捕捉创新信息、把握市场供需行情，通过科技市场咨询等专业服务敏捷地感知动态市场的需求变化，快速获取客户需求、市场商机、用户反馈、消费者偏好、同业者与竞争者等信息，实时帮助中小企业增强信息获取能力，推出与客户需求特征相匹配的创新产品与服务。

第二节　发达国家科技服务业促进中小企业发展的经验和案例

一、美国科技服务业促进中小企业发展经验和典型案例

美国的科技服务业体系主要包括技术咨询或经纪机构、大学和研究机构的技术转移办公室，以及孵化器、技术评估组织、技术测试与示范机构等，这些科技服务业组织大部分依托于大学、研究机构、协会、政府部门、咨询公司、风险投资公司和律师事务所。

（一）美国科技服务业促进中小企业发展经验

美国作为一个市场经济体制成熟的国家，其科技服务业发展主要以市场为导向，政府则通过立法或者制定各项金融税收等扶持政策，为科技服务业提供良好的政策环境，同时通过对基础建设和各类科技平台的搭建，为行业发展创造外部环境。美国科技服务业促进中小企业发展经验主要有以下几个方面。

一是以各类创新发展计划为载体，通过科技服务业促进中小企业技术创新。美国政府通过出台各类创新发展计划，为美国企业尤其是中小企业营造创新的文化氛围，并不断促进政府、企业和科研机构之间的创新活动，如小企业创新研究计划（SBIR）[①]、小企业技术转移计划（STTR）[②]、联邦与州（中央与地方）技术合作计划（FAST）、微型企业投资技术援助伙伴计划、制造业推广合作计划等。

二是出台税收扶持政策，扶持科技服务业发展，以促进中小企业发展。美国在为科技服务业的发展减小阻力的同时，鼓励和引导中小金融机构、信用担保机构、风险投资机构等金融企业为科技服务业提供资金支持，鼓励风险投资进入科技服务业。

三是鼓励风险投资业等科技服务业细分行业投资中小企业。美国政府对风险投资的发展起到了极大的推动作用。在财税政策方面，美国政府为风险投资提供政府资助和信贷担保，鼓励风险投资对处于初创期的科技企业进行投资，通过设立"小企业风险研究基金"等方式，向风险

---

① 小企业创新研究（SBIR，Small Business Innovation Research）计划是一项竞争性的政府专项计划，目的在于鼓励本土小企业参与具有商业化市场前景的政府研究和开发项目，通过竞争性奖励补助，提升小企业在政府资助科研活动中的积极作用，特别是激励小企业加强技术创新，为政府部门提供具有成本效益优势的科学技术，以增强美国在具有竞争优势领域的领先地位。

② 小企业技术转移（STTR，Small Business Tech Transfer Research）计划注重拓展公私部门间的合作，要求小企业与研究机构加强合作，建立连接基础科学和创新成果商业化之间的桥梁。STTR 计划的目标在于通过政府研发资金支持提升研究水平和技术创新，以增强美国竞争力，主要包括激励技术创新；通过合作研发，促进小企业和研究机构间的技术转移；加强私营部门对政府资金支持形成的创新成果的商业化转化等。

投资者提供无偿资助。

（二）美国科技服务业促进中小企业发展典型案例

美国硅谷依托高度市场化的科技服务业，吸引了海量中小企业集聚创新，其中，专业化的科技银行体系、精细分工的科技服务业是其主要优势。

以市场为导向且精细化分工的科技服务业为中小企业提供了更多的精准化服务。硅谷 40% 的企业是为研究开发、生产销售提供各种配套服务的科技服务业公司，涉及金融、中介、生活等各个领域。硅谷诞生了一批各具特色的世界知名企业，依靠特有的资源优势不断为高科技企业提供专业化服务。特色孵化器 YC 公司通过密集的信息交流和有针对性的推介，形成具有吸引力的投资点，并全力赢得各类投资人的后续跟进投资，构建信息高度集中的"批发式孵化"模式。红杉资本通过瞄准"思维模式迁转"下中小企业的商业机会，进行技术追踪式投资，推动了硅谷整个科技产业特别是互联网产业的全面发展。

二、日本科技服务业促进中小企业发展经验和典型案例

日本的科技服务业体系主要包括以下 4 种：一是大型咨询科技服务业组织机构，主要面向外资企业和银行系统；二是非营利性的、政府委托的科技服务业事业法人机构；三是民间科技服务业组织机构；四是科技孵化器。

（一）日本科技服务业促进中小企业发展经验

日本科技服务业发展的突出经验是政府直接干预与重点扶植。日本自第二次世界大战后大力发展本国科技服务业，致力于创新科技服务业发展模式，现已形成了以政府干预为主导，"产官学研"紧密联合，以"重点化"战略有效推进，实施积极引导、重点扶植的典型发展模式。总体来说，日本科技服务业促进中小企业发展经验有以下几个方面。

一是发挥政府的宏观指导作用，注重政府经济资助。日本政府不仅为促进中小企业技术创新制定了宏观战略规划，鼓励其积极引进国外先进技术，推进本国科技服务业发展，而且在必要时也会直接参与中小企

业的技术创新过程。政府还通过国家直接投入，在财政补贴、税收优惠和贷款优惠等方面予以支持，为中小企业进行技术创新创造良好的环境。

二是鼓励中小企业引进外国资金与技术。日本政府鼓励国内中小企业积极引进国外资金、技术，同时着眼于保护国内企业和市场，对外国在日本直接投资设置了限制条件。由此不仅推动了中小企业积极引进、消化、吸收国外资金和技术，而且为本国中小企业发展留出了国内市场空间。

三是政府为中小企业提供大量的中介服务。由于中小企业研究开发能力弱、技术转移慢，日本政府为中小企业技术创新提供了大量的中介服务。一方面，通过政府及地方设立的公立实验研究机构，免费为中小企业提供技术指导。另一方面，政府成立中小企业信息中心和公立实验研究机构的技术信息室，为中小企业提供良好的信息服务。

（二）日本科技服务业促进中小企业发展典型案例

日本科学技术振兴机构是日本政府文部科学省下设的一个国家级科学技术管理组织，同时也是发达国家中最具代表性和最为成功的科技服务业中介服务机构之一，主要是通过促进科技成果转化来促进中小企业发展。

一是构建从实验室到中小企业的科技成果转移转化全链条。日本科学技术振兴机构围绕日本发展战略，建立了从基础研究、技术研发、工程化研究、产业孵化到技术推广的科技成果转移转化链条。在这一链条中，政府、大学、中小企业既各司其职，又紧密衔接，填补了中小企业因不愿做或不能做而留下的研究空白。日本科学技术振兴机构通过董事会、执行委员会、学术委员会等管理机构，吸纳了政府官员、中小企业界人士形成"外部顾问委员会"并参与管理。同时，日本科学技术振兴机构的网络遍及全国的大学，大学可以免费使用他们的网络资源。日本科学技术振兴机构也为企业提供样机制造、产品测试、可行性研究、新技术研发与推广、专利保护等服务。日本科学技术振兴机构还无偿地为科研人员代理专利申请工作，为科研成果的持有者联系有意合作的中小企业并鼓励高校的科研成果自主经营。

二是为中小企业提供产业化的开发业务，促进科技成果市场化落地。日本科学技术振兴机构的产业化开发业务大致分为 3 个阶段，分别是推动大学和公立研究机构技术专利化；发掘和培养"技术种子"；建立"产学官"联合，支持地区创新。这 3 个阶段的工作主要围绕专利的获得、授权和产业化开发展开。日本科学技术振兴机构通过基础研究项目获得具有较高产业价值的技术种子，为其提供国内和国际专利申请和授权服务，并就技术转移转化协助寻找合作的中小企业，提供产业化研究资金、投资资金等，形成了产学研一体化的创新链。

三、德国科技服务业促进中小企业发展经验和典型案例

（一）德国科技服务业促进中小企业发展经验

德国的科技服务中介机构涉及行业广泛，组织体系科学完善，服务功能十分强大，在信息、咨询、职业教育三个方面具有突出的优势。德国政府除了注重政策支撑、资金投入和人才培养，还有一个有别于其他国家的突出特点是它聚集了多方面力量来发展科技服务中介机构。科技服务中介机构在德国科技服务业促进中小企业技术创新中发挥了巨大的推动作用。德国科技服务业促进中小企业发展的突出经验是大力发展科技服务中介机构，主要包括以下几个方面。

一是支持专门的科技服务业机构。德国政府每年为弗劳恩霍夫协会提供 2/3 的经费支持，以资助弗劳恩霍夫协会进行产学研合作，促进中小企业科技成果转化。其中 1/3 资金直接来源于德国中央政府，1/3 资金来源于政府签约的应用研究项目。

二是建立广泛的技术转让中心，促进中小企业技术创新以保持领先优势。德国政府建立了遍布全国的 370 家史太白基金会技术转让中心，并要求德国高校和科研机构建立技术转让办公室，专门从事咨询、开发，专职负责科研成果向中小企业传播，一方面使各类科研单位的科研成果迅速推向企业、实现产业化，另一方面帮助中小企业增强技术创新优势。与此同时，德国还设立了技术转移监管和促进机构，为科技服务机构发展创造良好氛围。

三是主动推进科技中介服务。德国政府搭建了工作平台，通过向符

合科技创新条件的中小企业提供科研专项奖励基金，帮助中小企业引进科技人才，促进中小企业与科技服务中介机构的互利合作。可以说，通过科研专项奖励基金这个杠杆，德国政府构建了科研机构、中小企业、科技服务中介机构的运作、沟通平台。

（二）德国科技服务业促进中小企业发展典型案例

以斯泰恩拜斯机构（Steinbeis）为例，其成立初期曾获得德国政府资助，之后逐步实现了市场化运作。它由基金会、技术转移网络、关联中小企业、大学、出版社等板块组成，是德国乃至全球实力最强的科技服务机构之一。斯泰恩拜斯机构科技服务体系见图 6-1。

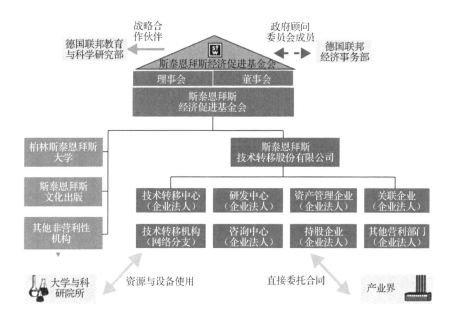

图 6-1　斯泰恩拜斯机构科技服务体系
（资料来源：互联网，赛迪研究院整理）

一方面，采取扁平化、市场化的集团经营管理模式，促进中小企业融入技术转移网络。公益非营利性的斯泰恩拜斯经济促进基金会是整个斯泰恩拜斯机构的核心，该基金会设有理事会和董事会。理事会由来自政府部门、教育科研机构、工商界等 20 多家单位的代表组成。基金会负责制定整个机构的服务原则和服务标准，指导和监督下属单位按照章程和契约运行，但不干涉其具体运营。该基金会下设独资公司性质的技术转移公司，管辖斯泰恩拜斯绝大部分的营利性部门，包括技术转移中心/机构、研发中心、咨询中心和关联企业等，对下属机构提供财务、人事、法务、保险、行政等集团化管理，并对外承担服务出错给客户造成的实际损失，协助其申请政府资助和金融支持；为下属机构进行官方信用背书，通过服务网络为下属机构推送技术供需线索；定期举办开放式的论坛活动，组织每年的技术应用创新奖与技术经纪奖。斯泰恩拜斯的技术转移网络在 50 多个国家设立了超过 1100 家分支机构，超过 6000 名签约科学家与工程师参与服务，年度收入超过 1.7 亿欧元（约合人民币 13.1 亿元）。

另一方面，构建产业效益导向的全方位、立体化服务体系，为中小企业提供全方位、专业化服务。斯泰恩拜斯致力于为科研供给端、企业需求端提供"一站式"服务和双向合作平台。斯泰恩拜斯一旦预判到某项技术有较大的市场价值，就会与技术方签约成立一家技术转移中心进行市场推广。斯泰恩拜斯也接受中小企业委托的技术难题和研发需求，以降低中小企业自研成本。技术转移中心不仅关注技术交易，对于交易前的策划、调研、技术评价，以及交易后的市场开发、员工培训、质量管控等环节均提供"一站式"服务。各地的研发中心整合了包括马普研究所、弗劳恩霍夫研究所在内的数百家一流科研机构，使其技术更快、更精准地与企业需求匹配。各地的咨询中心则为中小企业提供与新技术培育相关的管理咨询，包括人力资源、市场开拓、运营管理、财务分析等，同时为中小企业、金融机构及投资者提供项目评估等咨询服务。

第三节　我国科技服务业促进中小企业发展现状

创业孵化是我国经济社会全面开放的产物。自 1987 年第一家孵化器成立以来，我国科技企业孵化器①（含众创空间等，以下简称"孵化

---

① 科技企业孵化器（含众创空间等）是以促进科技成果转化、培育科技企业和企业家精神为宗旨，提供物理空间、共享设施和专业化服务的科技创业服务机构，是国家创新体系的重要组成部分、创新创业人才的培养基地、大众创新创业的支撑平台。

器"）已历经 30 多年的发展历程。最新数据显示，2021 年，全国创业孵化机构数量达 15253 家，其中孵化器 6227 家（国家级孵化器 1287 家）、众创空间 9026 家（国家备案的众创空间 2071 家），孵化器数量跃居世界第一位。我国的创业孵化体系不断完善，孵化服务能力持续提升，优质中小企业和创新成果大量涌现，已经成为培育优质中小企业、促进科技成果转化的重要载体，为促进经济社会高质量发展发挥了重要作用。

一、从现状情况来看，我国各类孵化器数量保持适度增长态势，各地方孵化器数量分布差异较大

2017—2021 年，我国孵化器数量从 4063 家增长至 6227 家，增幅为 53.3%，国家级孵化器数量从 988 家增长至 1287 家，增幅为 30.3%，数量稳居全球第一。我国有众创空间 9026 家，其中国家备案的众创空间达 2071 家。2017—2021 年全国孵化器数量情况见图 6-2。

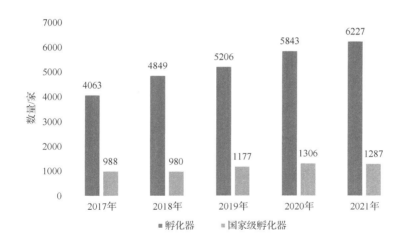

图 6-2 2017—2021 年全国孵化器数量情况
（数据来源：科技部火炬中心，赛迪研究院整理）

从全国来看，广东、江苏、浙江、山东和河北 5 个省（区、市）的孵化器数量继续领跑全国，累计占孵化器数量的 51.6%。从国家级孵化器数量看，江苏、广东、山东、浙江和北京 5 个省（区、市）的数量继

续位居全国前五名，合计拥有国家级孵化器 636 家，占国家级孵化器数量的 50.3%。2021 年众创空间排名前 5 位的省（区、市）是江苏、广东、浙江、河北和山东，众创空间数量合计占全国众创空间数量的 45.3%。2021 年各地区各类型孵化器数量和排名情况见表 6-1。

表 6-1　2021 年各地区各类型孵化器数量和排名情况

省（区、市）	孵化器数量/家	全国排名	国家级孵化器数量/家	全国排名	众创空间数量/家	全国排名
北京	270	7	63	5	250	14
天津	109	18	34	13	212	18
河北	289	5	40	9	640	4
山西	72	23	14	23	322	9
内蒙古	51	24	12	24	167	20
辽宁	94	21	30	14	261	12
吉林	95	20	23	16	101	24
黑龙江	200	10	21	18	49	28
上海	185	12	60	6	162	21
江苏	1008	2	218	1	1081	1
浙江	517	3	92	4	796	3
安徽	216	8	38	11	255	13
福建	137	15	18	21	371	7
江西	107	19	19	19	184	19
山东	323	4	95	3	527	5
河南	203	9	50	8	315	10
湖北	287	6	60	6	376	6
湖南	124	16	25	15	285	11
广东	1078	1	168	2	1043	2
广西	120	17	19	19	117	23
海南	6	31	3	31	12	32
重庆	158	13	22	17	327	8
四川	191	11	40	9	242	17
贵州	48	25	9	27	82	25
云南	42	26	15	22	144	22

续表

省（区、市）	孵化器数量/家	全国排名	国家级孵化器数量/家	全国排名	众创空间数量/家	全国排名
西藏	3	32	2	32	31	30
陕西	145	14	37	12	247	15
甘肃	77	22	12	24	243	16
青海	15	29	7	28	51	27
宁夏	21	28	5	29	55	26
新疆	26	27	10	26	49	28

数据来源：科技部火炬中心，赛迪研究院整理。

二、从管理体系来看，科技部门是孵化器认定、申报、管理和发展的主管部门，政策激励经历了四个发展阶段

在孵化器管理方面，目前孵化器的认定[①]、申报、宏观管理和业务指导部门是科学技术部及省级科技厅（委、局），具体材料审核和公示工作由科学技术部火炬高技术产业开发中心负责。2018 年 12 月，科技部出台《科技企业孵化器管理办法》，对孵化器的认定、申报、管理、促进与发展做了明确规定。

在政策激励方面，主要经历了四个阶段。第一阶段为 1987—1998 年，中央和地方政府几乎没有孵化器相关的扶持政策，且不涉及财税方面，孵化器数量增长缓慢，10 年间仅增至 100 余家。第二阶段为 1999—2005 年，中央和地方政府主要通过专项资金、基金等财政政策扶持孵化器建设，孵化器数量稳步攀升至 500 余家。第三阶段为 2006—2013 年，中央和地方政府开始对孵化器加大税收政策扶持力度，孵化器数量快速增长。第四阶段为 2014 年至今，孵化器数量增幅远超前期水平，特别是大力推进"大众创业、万众创新"以来，孵化器数量年均复合增长率达到 28.9%，远高于第三阶段的 18.4%。

---

① 原则上每年开展一次国家级科技企业孵化器认定工作。

三、从企业类型来看，各类孵化器毕业企业成效显著，孵化企业主要分布在电子信息、先进制造等行业

2021 年，全国孵化器累计毕业企业有 21.6 万家，同比增长 14.4%。其中，当年毕业企业约 2.9 万家，同比增长 9.8%；当年上市（挂牌）企业有 802 家，当年被兼并和收购的企业有 840 家，当年营业收入超过 5000 万元的企业有 5158 家，同比增长 18.0%。2017—2019 年，全国孵化企业主要分布在电子信息、先进制造、生物医药与医疗器械、新材料、新能源与节能、文化创意等行业。2020—2021 年全国孵化器毕业企业情况见表 6-2。

表 6-2 2020—2021 年全国孵化器毕业企业情况

指　　标	2020 年/家	2021 年/家
累计毕业企业	188768	215969
毕业企业累计上市（挂牌）企业	5897	6534
当年毕业企业	26858	29481
当年上市（挂牌）企业	980	802
当年被兼并和收购的企业	785	840
当年营业收入超过 5000 万元的企业	4370	5158

数据来源：科技部火炬中心，赛迪研究院整理。

四、从作用发挥来看，孵化器在经济效益提升、企业孵化、创新能力增强和就业促进等方面积极作用明显

一是提升经济效益。2021 年，全国创业孵化机构总收入达 801.76 亿元，同比增长 10.58%。在孵企业年总收入达 1.2 万亿元，同比增长 21.3%。科创板上市企业中有 1/4 为孵化器毕业企业。二是加快企业孵化。2021 年，全国在孵企业（团队）共有 69.8 万家（个），同比增长 3.7%，其中在孵企业有 24.4 万家，同比增长 4.4%，累计毕业企业 21.6 万家。三是增强创新能力。全国创业孵化机构在孵（常驻）企业（团队）拥有有效知识产权数达 141 万件，其中发明专利 21.2 万件，在孵企业研发投入强度为 6.68%，显著高于全国平均水平。四是持续拉动就业。

2021 年，全国创业孵化机构从业人员达到 18.5 万人，其中孵化器从业人员 8 万人，众创空间从业人员 10.5 万人，在孵企业和创业团队共吸纳就业 498.3 万人，其中应届高校毕业生 50.1 万人。

第四节　政策启示

一、科技服务业促进中小企业发展的重点领域

（一）发展研发设计服务业，提高中小企业创新设计能力

一是引导科技资源密集区域，将研发设计作为战略性新兴产业重点领域，积极鼓励研发服务外包、合同研发组织等研发服务新业态的发展，培育集聚一批社会化投资、专业化服务的第三方研发机构，形成研发服务集群。二是面向中小企业特色产业集群需求，整合建设一批专业公共研发服务平台，为中小企业提供仪器、数据、文献共享和专业技术服务。三是鼓励成立研发服务联盟，开展技术和服务模式创新，制定行业技术标准。积极培育第三方工业设计机构，将工业设计服务支撑范围扩展到产品生命周期全过程。四是建立重点行业产品设计通用数据库、试验平台及设计服务平台，促进设计资源的共享利用。建立专业化设计服务标准和管理体系，促进各类专业性设计机构的集聚发展。五是推进检测服务市场化进程，积极支持第三方检测服务机构发展，培育一批综合性检测服务机构。

（二）发展成果转移转化服务业，加速中小企业科技成果商业化

一是提升技术转移机构的市场化运作能力，支持服务机构和企业之间探索新型技术转移合作模式，解决技术转移过程中技术定价和知识产权共享与保护等问题。二是加强技术转移机构的专业化、特色化功能和增值服务能力，强化产学研合作过程中的技术成果中试熟化服务。提高科研机构的知识产权经营能力。三是加强技术转移信息服务平台、技术合同网上登记系统和技术合同网上信息发布系统建设，提高定价服务、技术产权交易信息服务能力。四是支持知识产权交易机构加强交易平台建设，开展专利检索、交易、培训等服务。五是积极发展国际技术转移

服务，选择有条件的区域建立国际技术转移中心，加强同有关国际科技组织和国际知名技术转移机构的合作，为中小企业开展先进适用技术引进、国际技术收购、技术与知识产权入股等提供专业化服务。

（三）发展创新创业服务业，优化中小企业创新创业环境

培育创新创业服务新业态，推动投资主体多元化、运行机制多样化的孵化器建设。大力推广"孵化加创投"的孵化模式，提升创业成功率和孵化器可持续发展能力。建设一批战略性新兴产业专业孵化器，搭建专业化的服务体系，面向全球跨区域创业者和高端人才提供创业服务，发现、遴选和培育具有前瞻性、成长性、带动性的"源头"企业。扩大科技企业加速器试点，整合创新创业服务资源，加大与专业科技服务机构的合作，为高成长企业做大做强提供资本、人才、市场等深层次服务。

（四）发展科技金融服务业，提高投融资服务中小企业能力

一是进一步推动设立科技金融专营机构，集中力量聚焦战略性新兴产业领域和高成长企业群体，为轻资产的科技型企业提供金融支持。二是推动科技金融业务创新，定制开发股权质押、知识产权质押、信用保险质押等科技金融产品，探索科技贷款担保、科技保险、产权交易与股权交易等新模式。三是推动"国家高新区代办股份转让系统扩大试点"，充分发挥创业投资引导基金的引导作用，为企业融资提供支持。四是建设国家科技金融综合服务平台，为不同业态、不同成长阶段企业的不同融资需求提供包括天使投资、贷款担保、科技保险、券商投行业务等在内的差异化服务。五是加强科技金融风险评估，开发科技金融机构风险预警和分析系统，为科技金融项目风险控制提供技术支撑。

（五）发展科技咨询服务业，提升科技咨询服务中小企业水平

一是加强产业研究和竞争情报服务，深入研究我国战略性新兴产业发展的技术路线图，把握产业主导权。鼓励咨询机构依据区域空间特性、产业基础、资源禀赋等因素，为区域经济全面协调发展提供产业咨询服务。二是全面推进企业管理和战略咨询服务，推动本土管理咨询服务企业的品牌化发展，拓宽全球化发展的眼光与视野。三是支持知识产权代

理机构、信息咨询公司、会计事务所、法律事务所、投资和管理咨询等专业服务机构的发展，进一步发挥科技咨询机构推动科技型中小企业创新发展的重要作用。四是提高科技咨询业的信息化水平，建设智能化科技信息收集、加工分析、共享应用的服务平台，形成科技咨询业现代化信息网络系统。

二、加快科技服务业促进中小企业发展的政策建议

（一）健全市场机制，完善市场准入

进一步完善科技服务业市场监管体制，规范市场秩序，尤其要加强科技服务中小企业信用体系建设，构建开放统一、竞争有序的市场体系，为科技服务中小企业发展营造良好的服务环境。积极引导和鼓励科技人员和专业技术人员创办科技服务型中小企业，并逐步推进科技服务事业单位开展市场化经营，同时充分发挥产业技术联盟、行业协会等社会组织在推动科技服务业发展中的作用。

（二）加大财政扶持力度，实施财税优惠

一方面，从政策方面出台具体管理办法和细则，特别是财政金融、税收方面更要出台具体政策。要注重发挥政府资金的导向作用，进一步加大财政支持的力度。另一方面，要充分发挥税收政策的激励作用，使其成为国家宏观调控、引导产业发展的重要工具。要强化税收杠杆的针对性，使优惠政策确实发挥应有的效果。例如，给予大学科技园、科技企业孵化器相关税收优惠政策，并积极鼓励科研院所及科研人员参与中小企业创新和科技服务。

（三）创新投融资体制，拓展资金渠道

积极探索多元化的资金投入体系，拓展融资渠道。一是积极探索以政府购买服务的方式支持公共科技服务的发展。二是充分利用国家科技成果转化基金、专项研发资金等支持科技服务中小企业发展。三是引导银行信贷、创业投资、资本市场等加大对科技服务业的支持力度。四是国企搭建投融资平台，支持企业通过上市或者引导企业通过中小企业股

份转让系统挂牌等进行融资。五是政府要打造良好的投资环境，吸引外资投入科技服务业。

（四）加强人才培养，注重"内培外引"相结合

注重从业人员队伍建设，支持高校调整专业设置，充分依托科研院所、行业企业、专业协会，开展"订单式"专业人才培训。不断探索和完善人才评价体系，充分调动科研院所、企事业单位等人才在科技服务及科技创新领域的积极性。同时，要加强国际交流合作，通过"走出去""请进来"，或者引进和培养相结合等多种方式，为科技服务业建立一支专业化的技术服务队伍。

（五）加强规划布局，注重推动示范应用

应开展科技服务业促进中小企业发展区域和行业试点示范，如北京的中关村、天津的滨海新区、上海的北高新（南通）科技城等，可利用其区位优势和产业创新态势，并通过资源整合、融合、兼并、重组等措施全力推动重点行业的科技服务，尤其是围绕战略性新兴产业和现代制造业的创新需求，建设公共科技服务平台，打造具有国际竞争力的科技服务业促进中小企业发展集聚区，推动我国创新能力及整体竞争力不断提升。

第七章

推动知识产权赋能中小企业"专精特新"发展研究

　　走"专精特新"之路是中小企业实现高质量发展的关键,已成为国家发展战略的重要组成部分,知识产权凝聚了中小企业"专精特新"发展的本质属性,是推动中小企业"专精特新"发展的重要动力,在引领"专精特新"中小企业发展方面具有重要作用。近年来,各地紧紧围绕知识产权创造、运用、保护和管理等核心环节,充分发挥知识产权赋能加速中小企业"专精特新"发展的支撑和引领作用,通过专利赋能助力"专精特新"中小企业提升核心竞争力,实现高质量发展。针对知识产权赋能加速中小企业"专精特新"发展面临的产出质量不高、运用方式单一、保护机制不健全等突出问题,各地围绕提升知识产权创造能力、加强知识产权保护能力、促进科技成果转化应用、优化知识产权发展生态及减轻创新融资负担等方面,通过设立专项资金、开展专利"清零行动"、培育示范企业,加强制度建设、搭建保护平台、加强执法维权力度,以及项目对接展销、整合平台资源、引进优质服务机构、建设先行示范区等举措,促进知识产权赋能加速中小企业"专精特新"发展。本章剖析了当前我国中小企业知识产权发展存在的问题,基于国家知识产权战略推进工程试点城市和试点园区的实践,梳理提炼了各地知识产权赋能中小企业"专精特新"发展的 5 个方面典型经验,对地方进一步推动知识产权赋能中小企业"专精特新"发展提出 4 点建议:一是进一步推动中小企业创新成果转化应用,二是充分利用知识产权为中小企业创新提供融资支持,三是引导企业树立知识产权意识、激发创新活力,四是建立宽容的创新文化、营造良好氛围。

第一节 "专精特新"中小企业知识产权工作中存在的问题

一、知识产权产出质量不高，产出效能有待提高

知识产权产出质量决定中小企业"专精特新"发展的深度和广度。近 5 年来，我国知识产权创造数量持续增加，授权发明专利累计 253.1 万件，年均增长 13.4%；注册商标累计 2770.5 万件，年均增长 29.0%。目前，在我国中小企业知识产权产出中，核心发明专利占比较低，绝大多数知识产权属于实用新型和商标等，在一定程度上降低了知识产权赋能中小企业"专精特新"发展的效能。同时，部分地区中小企业知识产权创造的质量和效能仍待提高。以江苏省为例，2020 年其专利合作条约（PCT）国际专利申请量位居全国第二，但每万人发明专利拥有量仅为 36.1 件，与北京的 155.8 件、上海的 60.2 件相差较大。同 PCT 国际专利申请量不足其一半的邻省浙江相比，江苏省每千万元研发经费发明专利授权量仅为 1.53 件，浙江省每千万元研发经费发明专利授权量则为 2.68 件。

二、知识产权运用方式单一，经济效益有待提升

中小企业知识产权运用的手段和方式较为单一，多数企业除自行实施知识产权外，仍以知识产权转让为主，亟须进一步丰富知识产权运用的手段和方式，提升知识产权的经济效益。当前，各地陆续开展知识产权质押融资工作，但交易规模有待进一步扩大，交易模式有待进一步创新。例如，湖南省某市于 2005 年率先在湖南全省开展知识产权质押融资工作，但十余年发展缓慢，融资增长率较低。2020 年，该市发放知识产权质押贷款 10 笔，出质专利 103 件，质押金额 20581 万元，而同年相邻城市发放知识产权质押贷款 111 笔，出质专利 828 件，质押金额达 185337 万元。

三、知识产权保护机制不健全，赋能动力有待增强

我国的知识产权保护机制建设起步较晚，常态化的知识产权行政执法制度不够健全、保护经费不足、适用人才短缺等问题依然存在，侵权问题惩罚力度不大，知识产权维权援助不够，这些都在一定程度上影响了中小企业利用知识产权发展的积极性。例如，玉林市市场监督管理局2020 年调研发现，玉林市知识产权保护工作存在知识产权维权援助队伍力量不足、部分企业知识产权保护意识薄弱等问题。部分已获得专利授权的中小企业因年费负担较重，被迫停止缴费而放弃保持专利权。大多数中小企业与职工未签订保护知识产权的协议，部分科技人员携带原企业的关键技术离职跳槽，导致企业知识产权流失严重。

第二节　各地在提升中小企业知识产权能力工作中的典型经验

一、通过设立专项资金、开展专利"清零行动"、培育示范企业等举措，提升中小企业知识产权创造能力

加大中小企业创造知识产权配套资金，正向激励创造知识产权投入，催生更多高质量的知识产权。山东省青岛市即墨区制定了注册商标补贴、中国驰名商标奖励、地理标志保护产品奖励、新授权专利奖励、PCT 专利资助等政策，积极鼓励企业开展知识产权创造、转化、运用和品牌建设工作；先后落实商标、专利、品牌知识产权扶持资金2000 多万元，有效激发了中小企业创新活力。新疆维吾尔自治区昌吉州设立了专项资金，每年拨付 80 万元作为知识产权管理与综合执法经费。"十三五"期间，昌吉州共授权专利 5116 件，其中，有效发明专利 350 件，万人有效发明专利 2.42 件，知识产权创造能力稳居新疆前列。

实施中小企业专利申请、代理费用补贴和托管服务等，提高发明专利拥有量、注册商标覆盖面和知识产权贯标覆盖率。江苏省南通市实施中小企业"专利消零"计划，对"零专利"中小企业首次专利申请、代理费予以补贴，并通过托管服务方式，推进中小企业专利信息利用、专

利申请授权"零"的突破。到 2020 年年底，江苏省南通市累计培育"专利消零"中小企业 1008 家。天津市滨海新区深入推进中小企业知识产权"清零"工作，加快推动传统产业中小企业技术改造、工艺升级，加大创新投入，加快创新成果转化，推动企业转型升级为科技型企业。截至 2020 年年底，全区累计完成知识产权"清零"的中小企业有 5000 家。

打造知识产权企业标杆，发挥示范带动效应，推动中小企业走"知识产权强企"之路。广东省中山市加强"知识产权强企"建设，培育一批知识产权战略管理理念好、知识产权数量/质量较高、知识产权综合竞争力强的中小企业。截至 2020 年年底，中山市高新区共培育国家知识产权优势示范企业 10 家、广东省知识产权优势示范企业 12 家。江苏省南通市开展"专利强企"试点、示范企业培育等工作，指导企业围绕主导产品和关键技术开展专利导航和专利体系布局。截至 2020 年年底，南通市认定"专利强企"试点企业 702 家、示范企业 110 家。

二、通过加强制度建设、搭建保护平台、加强执法维权力度等举措，加强中小企业的知识产权保护能力

出台和建设具有地方特色的知识产权方案，夯实知识产权保护制度基础。广东省深圳市创新知识产权管理体制机制，于 2017 年开始打造"决策机制（联席会议）+服务平台（保护中心）+运营载体（联盟）"三位一体的知识产权综合管理体系。2020 年，深圳市南山区出台《南山区知识产权联席会议案件会商暂行规定》，进一步完善联席会议机制，从制度上凝聚知识产权保护合力。浙江省杭州市制定《杭州专利保护信用体系建设方案》《杭州市专利代理行业信用评价管理方案》，建立知识产权违法黑名单制度，规范知识产权投诉举报处理工作；组建物联网、人工智能、生物医药等知识产权保护联盟，建立企业开展知识产权保护联盟内知识产权自律机制。

搭建数字化平台，提升知识产权保护精度，线上、线下结合服务中小企业。湖南省长沙市立足中国（湖南）自贸区长沙片区知识产权公共服务中心，构建知识产权"前置保护"新模式，利用区块链进行数字化确权，生成唯一对应的数字"身份证"，搭建数字知识产权保护系统，为完善和提升我国知识产权保护体系探索了新的路径。海南省海口市成

立医药产业知识产权保护工作站,为医药产业转型升级、创新发展形成核心竞争力提供有效的服务和帮助。四川省成都市布局中国(四川)知识产权保护中心,开展专利预审和快速维权,在全市设立知识产权维权服务站(点)557个,2016—2020年服务企业1000余家。浙江省杭州市积极搭建知识产权综合保护平台,线上建设了投诉举报、维权援助、法律咨询、仲裁调解、公证举证等服务板块,线下建立了维权援助中心、知识产权巡回法庭,并建立了全省首个集知识产权权利形成、侵权事实存证、侵权行为取证、全网监测等功能于一体的知识产权综合保护线上平台,着力破解知识产权案件"举证难"的问题。

开展知识产权专项治理行动,依法严厉打击知识产权侵权行为。广东省中山市高新区成立了打击侵犯知识产权和制售假冒伪劣商品工作领导小组,制定了《火炬市场监管分局打击侵犯知识产权专项行动方案》,通过开展专项治理行动,及时、有效地查处知识产权侵权行为,依法严厉打击涉及知识产权的违法犯罪活动。浙江省杭州市严格执法保护,开展"护航""溯源""净化""剑网"等专项行动,加强行政执法案件信息公开,建立知识产权违法"黑名单"制度。

三、通过项目对接展销、整合平台资源、引进优质服务机构、建设先行示范区等举措,促进中小企业科技成果转化应用

以专利展销会、推介会等形式,拓宽中小企业知识产权转化渠道。贵州省贵阳市鼓励和支持专利技术项目对接展销,定期举办专利推介会等,多渠道推动专利技术走向市场,并以科技创新能力较好的机械电子、新能源、节能环保、现代农业、生物制药领域的龙头企业为重点,积极推动专利和科技成果转化实施,"十三五"期间,贵阳市累计转让专利3957件、许可专利98件。

依托新型研发机构加强产学研合作,搭建科技成果转化资源平台。武汉市东湖高新区依托产业创新联合体、工研院及孵化器,整合高校、企业等科技成果转化资源,搭建资本、技术、项目、人才的信息互通平台,推进专利成果转移转化。重庆市高新区建设西部(重庆)科学城校地协同创新平台,搭建高校院所与企业间的成果转化桥梁,促进产学研

深度融合。举办首期重庆市高校科技创新成果发布会,发布成果 125 项,高校及科研院所参与科学城建设项目签约 34 个,累计投资 300 亿元。

引进优质服务机构,为中小企业匹配高端服务资源。浙江省杭州市引进法国 IPSIDE 知识产权律师事务所、七星天专利运用管理有限公司等国际知名专利律所,筹建中国人工智能产业知识产权投资运营平台、浙江省高价值知识产权平台。山东省青岛市崂山区引进青岛致嘉知识产权代理事务所等知名知识产权服务机构,专利代理机构总数达到 20 家,位居全市第一,规模以上知识产权服务业收入年均增幅超过 25%。

创先建设先行示范区,多措并举推动区域内知识产权转化运用高质量发展。深圳市南山区发布《南山区建设知识产权转化运用先行区行动方案（2021—2023 年）》,以"产业化、金融化、信用化、品牌化、国际化"为目标,推出构建知识产权转化运用平台体系等 12 条知识产权转化运用举措,打造知识产权转化运用先行示范区。

四、通过强化政策供给、完善公共服务平台、加强专利信息开发利用等举措,优化中小企业知识产权发展生态

优化政策供给,营造中小企业知识产权良好政策环境。海南省海口市出台《海口市知识产权专项资金管理办法》,推进知识产权运营服务体系建设,促进企业知识产权创造和运用转化。湖北省武汉市出台《武汉市知识产权发展资金管理办法》《武汉经开区进一步促进知识产权高质量发展办法及实施细则》等一批知识产权激励政策,在高价值知识产权培育、知识产权金融等方面给予中小企业专项支持。

完善公共服务平台,为中小企业提供知识产权"一站式"服务。浙江省杭州市建成集政务服务、数据查询、区域创新分析等 9 大功能板块于一体的"1+1+9+N+X"公共服务平台体系,实现专利预审、数据查询、区域创新监控、专利交易、综合保护、项目申报等事项"一网办"。江苏省南通市建成知识产权综合服务平台等"一站式"服务平台,引导和支持知识产权服务机构为中小微企业提供知识产权委托管理服务,先期为 40 余家中小微企业提供知识产权维权托管服务。

加强专利信息开发利用,针对中小企业开展高精度专利信息分析及推送。广东省设立专项资金,推动实施"广东省战略性新兴产业专利信

息资源开发利用计划",先后立项和实施 3 个批次、共 41 项产业的专利分析及预警项目,覆盖 29 个战略性新兴产业领域,率先提出面向中小微企业开展专利信息推送服务的新思路。重庆市研发出"对手通"企业专利信息投放、分析系统,助力中小企业参与良性竞争、加快技术迭代、开展精准研发。试运行期间,已为重庆市、上海市等 10 多个省(区、市)、1700 多家企业用户,推送各类专利数据 270 多万条。

五、通过打造融资生态链、探索知识产权证券化等举措,减轻中小企业创新融资负担

打造融资生态链,多层次协同解决中小企业知识产权融资难题。四川省基于区块链技术建设知识产权融资服务平台,联合农行成都分行、成都银行等金融机构,联合中金浩、中都国脉等评估机构,开展知识产权融资业务数据上链工作,完成上链知识产权融资业务 102 笔,合计金额约为 4.07 亿元。重庆市高新区率先开展科技型企业知识价值信用贷款改革试点,构建企业知识价值信用评价体系,共建总规模为 3 亿元的知识价值信用贷款风险补偿基金,实现科技型企业融资轻资化、信用化、便利化。

探索知识产权证券化、风险补偿基金,创新知识产权质押融资方式。海南省组织开展知识产权证券化知识培训会,筛选、储备一批知识产权证券化的企业。2018 年 12 月,奇艺世纪在上交所成功发行我国首单知识产权资产支持证券,总资金规模为 4.7 亿元。海南省海口市探索设立知识产权质押融资风险补偿资金,建立风险分担和补偿机制,举办知识产权质押融资宣讲会和对接会。浙江省杭州市鼓励杭州联合银行下沙支行开展知识产权质押融资、"投贷联动"等新模式,推广知识产权保险,推进知识产权证券化工作,为区域内成长型科技企业提供成本较低的大额融资。

第三节　推动知识产权赋能中小企业"专精特新"发展的几点思考

一、进一步推动中小企业创新成果转化应用

营造促进创新成果高效转化的政策制度环境,激励高质量、原创性

的知识产权创造供给，从根本上提高中小企业创新产出质量。探索实施开放许可制度，搭建完善全国统一知识产权转移转化平台，进一步畅通知识产权转移转化渠道。创新知识产权转移转化方式，倡导社会资本参与中小企业知识产权转移转化，鼓励开展知识产权流转储备、转移转化风险补偿等活动，丰富中小企业知识产权转移转化的手段和方式。积极整合科技创新资源，鼓励科研院所、高校等科技创新机构与中小企业共建实习实训基地，助推中小企业加强产学研合作，促进创新要素向企业端聚集，促进科技创新成果向企业有效转移，推动知识产权加速转化和产业化，提高科技创新产出的赋能效率。

二、充分利用知识产权为中小企业创新提供融资支持

加快完善知识产权质押融资制度，健全知识产权价值评估体系，综合运用大数据、人工智能等新技术，研发适用于质押融资等场景的智能化知识产权评估工具，夯实知识产权融资的制度基石，进一步拓展中小企业创新融资渠道。鼓励银行业建立符合知识产权特点的高效信贷审批制度和利率定价机制，支持金融机构提供合理授信额度和续贷便利等增值服务，进一步打通银企知识产权融资的制度堵点。探索推广知识产权质押融资保证保险等金融产品，持续完善银行、保险、担保、基金等多方参与的知识产权质押融资风险分担机制，分担中小企业融资风险。

三、引导中小企业树立知识产权意识、激发创新活力

加大知识产权侵权行为调查、处罚力度，引导中小企业牢固树立知识产权意识，通过合法手段有偿使用外部创新技术、保护自身创新成果。完善中小企业知识产权资源服务机制，帮助中小企业建立健全激励知识产权创造、运用、管理与保护的相关制度，推动技术创新指标纳入部门业务考核，不断提高考核比重，进一步增强科技创新驱动中小企业"专精特新"发展的内在动力。支持各地政府、园区因地制宜设立中小企业创新奖励基金，加大专利申请、维护等相关费用的支持力度，强化有效发明专利的奖励激励，进一步激发创新型人才从事知识产权创造的活力。

四、建立宽容的创新文化、营造良好氛围

大力弘扬创新文化，厚植中小企业创新沃土，营造宽容、敢为人先的创新氛围，充分激发企业家精神，调动全社会创业创新积极性，汇聚成推动中小企业"专精特新"发展的磅礴动力。探索试点中小企业科技创新"沙盒监管"模式，充分利用大数据、云计算等新一代信息技术，构建中小企业科技创新风险防控的一体化信息管理服务平台，结合物理围网打造"软硬"兼施的"压舱石"，激发中小企业"专精特新"发展的内在动力。鼓励"专精特新"中小企业建立主要负责人担任首席科学家制度，引导企业家重视、鼓励、带头创新，身体力行带动全员创新。

第八章

普惠金融促进中小企业发展研究

　　2022 年，我国普惠金融在支持中小微企业复工复产及服务"专精特新"中小企业方面取得了一系列成就。总结 2022 年的进展、经验和不足，可为我国普惠金融可持续发展提供新的努力方向，也为完善普惠金融政策体系提出更高的要求。

第一节　2022 年中国普惠金融发展情况

一、普惠小微金融发展良好

　　我国中小企业呈现"456789"发展特征，对于国民经济贡献显著，然而"存续时间短、融资难、融资贵"问题一直制约着企业生存发展。中小企业的银行贷款占比为 40%左右，中小企业为国民经济贡献了 50%以上的税收，对于国内生产总值（GDP）贡献度达到了 60%以上，贡献了 70%以上的技术创新成果，带动了 80%以上的城镇劳动就业，在中国实体企业中的占比超过 90%。

　　据国家金融管理总局最新统计数据显示，截至 2022 年第 4 季度，中国银行业普惠小微贷款规模达到 23.57 万亿元。其中，大型商业银行规模最大，达到 8.6 万亿元，占比为 36.48%。此外，农村金融机构占比为 30.57%、股份制商业银行占比为 17.62%、城市商业银行占比为 14.38%。

　　保险行业也是发展普惠金融的重要力量。根据国家金融监督管理总局初步统计，2022 年保险资金运用余额增长 9%，银行保险机构新增债券投资超过 11 万亿元，保险业赔付接近 1.5 万亿元。

　　银行与金融科技公司之间竞争激烈。按照小微企业客户群体质量划分，最优质的客户群体掌握在银行手中，其次是持牌网络小贷公司，而其他客户群体由大量互联网平台与助贷机构开发。围绕扶持实体企业的监管政策导向，日渐增多的非银行机构参与其中，包括担保机构、保险机构、网络小微贷款平台、助贷机构及新兴的供应链科技平台等多元化主体。目前，这些机构拥有海量的线上流量与交易场景，正在多渠道加强与银行的合作。

　　监管部门进一步运用结构性小微金融货币政策支持工具扶持中小企业，自 2020 年以来，创新推出了多种结构性货币政策工具。目前，在中国人民银行已推出的 10 类结构性货币政策工具中，适用小微信贷的包括 3 项长期性工具与 4 项阶段性工具。针对新冠疫情设立的 2 项普惠小微金融专项货币政策工具，也进行了调整：一是将原有的"普惠小微企业贷款延期还本付息支持工具"，转换为"普惠小微贷款支持工具"；二是将原有的"普惠小微企业信用贷款支持计划"，纳入"支农、支小再贷款支持计划"。其中，支农再贷款工具支持涉农领域，再贷款利率为 2%，额度为 7600 亿元；支小再贷款工具支持小微企业与民营企业，贷款利率为 2%；再贷款工具支持涉农、小微和民营企业，贷款利率为 2%（6 个月），额度为 7000 亿元。4 项阶段性工具在特定细分领域的精准信贷投放见表 8-1。

表 8-1　4 项阶段性工具在特定细分领域的精准信贷投放

贷款政策工具	支 持 领 域	发 放 对 象	1 年期利率/ 激励比例	额度/亿元
普惠小微贷款 支持工具	普惠小微企业	地方法人金融 机构	2%	400
碳减排 支持工具	清洁能源、节能减 排、碳减排技术	21 家全国性 金融机构	1.75%	8000
科技创新 再贷款	科技创新企业	21 家全国性 金融机构	1.75%	2000

续表

贷款政策工具	支 持 领 域	发 放 对 象	1 年期利率/ 激励比例	额度/亿元
交通物流 专项再贷款	道路货物运输经营者和中小微物流（含快递）企业	工农中建交①、中国邮政储蓄银行、中国农业发展银行	1.75%	1000

数据来源：中国人民银行，赛迪研究院整理，2023 年 8 月

二、乡村普惠力度不断加大

为稳住农业基本盘，守好"三农"基础，农业农村部、中国人民银行等制定了一系列政策促进乡村振兴。

一是全面扩大普惠型涉农信贷额。国家金融监督管理总局（原中国银保监会）印发《关于 2022 年银行业保险业服务全面推进乡村振兴重点工作的通知》，要求各银行机构继续单列涉农和普惠型涉农信贷计划，努力实现同口径涉农贷款余额持续增长。政策性银行、大型银行、股份制银行和主要农业保险承保公司，保持脱贫地区各项贷款余额、农业保险保额增长，实现普惠型涉农贷款增速高于本行各项贷款平均增速，完成金融支持巩固和拓展脱贫攻坚成果同乡村振兴有效衔接的目标任务。

二是加大对重要农产品供给的金融支持。中国人民银行印发《关于做好 2022 年金融支持全面推进乡村振兴重点工作的意见》，指导金融系统优化资源配置，加大对大豆、油料等重要农产品供给的金融支持，加大对重要农产品生产加工、仓储保鲜冷链物流设施建设等金融支持，做好"农民就地就近创业"金融服务，拓宽农村绿色发展融资渠道，丰富"三农"绿色金融产品和服务体系，有效促进了乡村农副产品加工的中小企业健康持续发展。

三是支持脱贫人口发展生产并稳定脱贫。2022 年 3 月，为了切实

---

① 工农中建交即中国工商银行、中国农业银行、中国银行、中国建设银行、中国交通银行。

满足脱贫人口小额信贷需求，中国银保监会、财政部、国家乡村振兴局发布《关于深入扎实做好过渡期脱贫人口小额信贷工作的通知》，鼓励银行机构以贷款市场报价利率（LPR）放款，贷款利率可根据贷款户信用评级、还款能力、贷款成本等因素适当浮动。

四是保障农业技术研发投入。2022年，全国农村地区开启智慧农业创新试验，天空地一体化数字农业、"一站式"智能农机生产服务等新型解决方案正逐步在农村实施，不断突破普惠金融"最后一公里"。截至2022年12月，全国70个金融科技创新试点项目中有45个项目涉及普惠金融，占比为64%，其中有47%的试点项目涉及智慧农业和环保产业。然而，金融科技提高了服务效率和生产能力，促使传统生物技术发展到转基因生物技术，深刻改变了传统金融服务方式，也衍生出复杂多样的科技伦理问题，给普惠金融监管带来一系列挑战。例如，农业粮食作物转基因技术可以达到人们预期的丰收效果，但同时在培育转基因种子过程中，人们通常会将一种抗生素抗性基因作为标记基因导入目标作物中，改变了食物原有的基因链，可能带来潜在的食品安全隐忧。

三、普惠型信贷政策有效落实

为统筹新冠疫情防控和经济社会发展，我国有关部门及时调整金融政策，实行差异化监管，避免采取"一刀切"的管理方式。

一是普惠金融贷款发展目标从量的增加转向质的提升。2022年3月12日，国务院《政府工作报告》要求，不再对普惠金融贷款增速有明确要求，引导更多资金流向重点领域和薄弱环节，开展金融机构降低实际贷款利率、减少收费活动，进一步解决小微企业融资难题。2022年4月，《中国银保监会办公厅关于2022年进一步强化金融支持小微企业发展工作的通知》发布，要求银行业金融机构持续改进小微企业资金供给结构，对符合续贷条件的正常类小微企业贷款积极给予支持，推广"随借随还"模式，对确有还款意愿、存在临时性经营困难的小微企业追加展期，自主协商贷款还本付息方式。

二是积极探索促进中小微企业融资增量、扩面、降价的措施。在稳存量方面，设立中小微企业和个体工商户的纾困帮扶专项资金，对生产经营遇到暂时困难的中小微企业和个体工商户，在房屋租金、水电费、担保费、防疫支出、贷款贴息和社保补贴方面给予专项资金补贴。在降成本方面，对中小微企业、个体工商户用电实行阶段性优惠，保证用水用电用气"欠费不停供"，将宽带和专线平均资费再降 10%，确保产业链关键节点中小微企业复工复产，帮助市场主体更好地应对经营风险。对存量和新发放的普惠小微贷款，在 2022 年第四季度给予定向金融支持，金融机构可对存续、新发放或到期（含延期）的普惠小微贷款在原合同利率基础上按年化 1 个百分点进行减息，由中国人民银行对此进行补偿。在扩增量方面，调动银行积极性，增加中小微企业信贷、保险供应总量，提高稳企纾困政策的落地成效。

总体来看，从中国人民银行"2022 年 12 月普惠金融问卷调查和指标填报工作"综合指标来看，2022 年全国多地金融监管部门对偿还到期小微贷款债务的要求不断放松，采取了更为灵活的政策，如开展延期还本付息，有效缓解了中小微企业、个体工商户经营和资金压力，体现了国家金融持续向实体经济让利的政策方向。

四、普惠金融法治化持续推进

从顶层设计上规范金融稳定发展。2022 年 4 月，中国人民银行发布的《金融稳定法（草案征求意见稿）》中提出，着力构建维护金融稳定的长效机制，明确金融风险处置职责分工和后备资金来源，充实金融风险处置措施，完善金融风险化解机制，为我国金融机构平稳运营、金融系统功能发挥和金融风险应对处置提供制度支撑，也为我国普惠金融稳定和安全提供法律保障。

中央金融委员会办公室提到"对同类业务、同类主体一视同仁，金融活动全面纳入监管"，《网络小额贷款业务管理暂行办法（征求意见稿）》坚持持牌经营金融业务原则，全面规范网络小贷的经营活动，统一技术标准、风险指标，形成系统、架构、接口、数据领域行业标准，将普惠金融业务纳入关键绩效指标（KPI）考核指标，尽快落地。

五、普惠金融试验区不断扩展

2022 年 9 月，中国人民银行联合中国银保监会、国家发展改革委、工业和信息化部、财政部、农业农村部和国家乡村振兴局印发《四川省成都市普惠金融服务乡村振兴改革试验区总体方案》《浙江省丽水市普惠金融服务乡村振兴改革试验区总体方案》《陕西省铜川市普惠金融改革试验区总体方案》，使我国普惠金融试验区增加到 13 个，初步形成了风格迥异、错位发展的普惠金融试验区格局。

四川省成都市普惠金融服务乡村振兴改革试验区建设坚持"以农村产权制度改革为引领、以促进全要素优化配置为核心、以高水平城乡融合发展为方向、以防控风险维护稳定为底线"四大原则，加大对"三农"的金融资源倾斜，力争用 5 年左右的时间，建立适度竞争、有序创新、风险可控的现代农村金融体系，拓展"天府信用通""银政通""天府金融风险监测大脑"等数字服务平台应用，做好全产业链粮食安全金融服务，分层分类支持"川字号"十大优势产业和农业产业园区，提升"农贷通"数字化平台运用实效，探索"订单农业+保险+期货（权）"试点，建立农业补贴、涉农信贷、农产品期货（权）和农业保险联动机制。

浙江省丽水市是全国首个生态产品价值实现机制改革试点地区，其支农惠农金融效果明显。浙江省丽水市普惠金融服务乡村振兴改革试验区的目标是要建立服务乡村振兴的多元化金融体系，搭建"三中心一机构"服务平台（即林权管理中心、收储中心、交易中心和调查评价机构），形成了林权确权、抵押登记、交易流转等一系列配套制度，其农村金融服务站模式获得了世界银行的充分肯定，率先建设了农户信用信息系统并完成了所有行政村农户信用等级评定，在"整村批发、集中授信"方面成效显著。

陕西省铜川市以中西部"资源枯竭型城市"身份入选，成为我国中西部地区第一个普惠金融改革试验区，在融资担保、信用体系、数字普惠等重点领域持续发力，在探索失信贫困户"信用修复"机制、打造农村地区普惠金融综合服务站点可持续建设模式、建立农村普惠金融教育体系等方面取得了有益经验，构建了"央行政策工具+政府补贴担保+机构精准投放+信用工程建设"模式，形成了金融精准政策"组合拳"，为普惠金融支持城市转型和乡村振兴提供了"铜川经验"。

虽然上述 3 个普惠金融试验区目前得到了国家信贷、财政方面的支持，但全国各普惠金融试验区必须培养自身的可持续发展能力，不能完全依靠国家财政支持。普惠金融在本质上是可持续性发展，普惠金融试验区自身要具备"造血"功能。典型的普惠金融必须依靠市场资源，自行开拓创新产品和经营模式。否则，一旦国家支持力度减弱，普惠金融试验区就会面临生存危机。

第二节　普惠金融对中小微企业的扶持政策梳理

一、延续普惠型货币政策支持小微企业

（一）延续实施普惠型小微贷款支持政策

2022 年 1 月 1 日，中国人民银行宣布，自 2022 年 1 月 1 日起，实施普惠小微企业贷款延期支持工具和普惠小微企业信用贷款支持计划两项直达工具接续转换：一是将普惠小微企业贷款延期支持工具转换为普惠小微贷款支持工具；二是从 2022 年 1 月 1 日起，将普惠小微企业信用贷款支持计划并入支农支小再贷款管理。即自 2022 年 1 月 1 日起，普惠小微企业信用贷款支持计划不再实施，将原来用于支持普惠小微信用贷款的 4000 亿元再贷款额度滚动使用，必要时可进一步增加再贷款额度，继续将普惠小微信用贷款纳入支农支小再贷款支持计划管理。

（二）推动中小微企业综合融资成本稳中有降

2022 年 1 月 20 日，中国人民银行公布一年期 LPR 下调 10 个基点至 3.7%，五年期以上 LPR 下调 5 个基点至 4.6%。2022 年 8 月 22 日，中国人民银行再次公布 1 年期 LPR 下调至 3.65%，5 年期以上 LPR 下调至 4.3%，分别较上一期下调 5 个和 15 个基点。2021 年 12 月 7 日，中国人民银行宣布下调 1 年期支农支小再贷款利率 0.25 个百分点至 2%，支农支小再贷款利率（降息）更加优惠，使农民从支农信贷中分享产业增值，推动地方法人银行、农商行、小贷公司、融担公司、保险公司服务于当地农户和涉农小微企业。

（三）保持金融市场流动性合理充裕

中国人民银行于 2022 年 4 月 25 日、2022 年 12 月 5 日两次宣布降

低金融机构存款准备金率 0.25 个百分点（不含已执行 5% 存款准备金率的金融机构），共计释放长期资金约 1 万亿元。降准释放出来的资金，对改善金融市场流动性和中小微企业流动性起到积极的补充作用。

（四）普惠型小微贷款持续实现量增、面扩、价降，首贷、续贷和信用贷款推进力度持续加大

截至 2022 年年底，我国普惠型小微企业贷款余额超过 23 万亿元，普惠型小微贷款余额同比增长 23.8%，比各项贷款余额增速高出 12.7 个百分点，贷款利率也在持续下降。我国普惠小微授信户数为 5652 万户，同比增长 26.8%。新发放的普惠小微企业贷款加权平均利率是 4.9%，处于历史较低水平，降幅高于企业贷款利率整体降幅。同时，银行机构为中小微企业和个体工商户办理延期还本付息 6.53 万亿元；保险机构扩大营业中断险、货物运输险等业务覆盖面，丰富企业风险分散渠道。

二、"专精特新"中小企业信贷支持力度持续扩大

2022 年，金融机构加大对"专精特新"中小企业的信贷支持力度，提供了低成本、中短期的普惠型小额贷款，支持人脸（指纹）识别技术等场景应用，在提升产业链供应链稳定性、构建双循环发展格局方面发挥了重要作用。

2022 年，在普惠金融信贷支持下，我国专精特新"小巨人"企业发展势头良好，实现全年营收 3.7 万亿元，同比增长超过 30%；全年利润总额超过 3800 亿元，营业收入利润率超过 10%，比规模以上中小工业企业高约 4 个百分点。其中，87% 的专精特新"小巨人"企业存在强烈的融资需求，37% 的专精特新"小巨人"企业近 3 年曾申请银行贷款。

截至 2022 年 12 月，全国共有 765 家专精特新"小巨人"企业完成上市，主要布局在高端新材料、新一代信息技术、新能源汽车和智能（网联）汽车、集成电路、高档数控机床和机器人等热门赛道，实现了"边发展、边规范、边融资、边上市"目标，在一定程度上缓解了专精特新"小巨人"企业经营资金短缺的痛点，形成了层次丰富、覆盖广泛的普惠金融信贷效应。

第三节　中国普惠金融的前景与展望

一、参与规范收入分配和财富积累进程

党的二十大提出，完善个人所得税制度，规范收入分配秩序，规范财富积累机制，保护合法收入，调节过高收入，取缔非法收入；同时号召，坚持多劳多得，鼓励勤劳致富，促进机会公平，增加低收入者收入，扩大中等收入群体。这是我国社会主义新时代社会财富分配和积累制度新表述，引发了海内外广泛关注。普惠金融可以在缩小贫富差别、改善财富结构方面发挥作用，科学、合理地参与第三次财富分配，统一规范初次、再次和第三次收入分配秩序，增加全体人民财富积累，分阶段实现物质生活和精神生活的共同富裕。

一是有效拓宽中小微企业融资渠道，发挥市场配置信贷资源作用，使中小微企业、个体工商户、农村经济组织及时获得更快捷、更优惠的金融资源，提高普惠金融的包容性，创造其参与初次收入分配的有利条件，带动低收入主体走上共同富裕的道路。

二是借助资本市场力量，让社会弱势群体、低收入群体和返贫致贫群体，通过股票、基金、债券、保险、银行理财的合理配置，分享到股息、利息、分红等多元化市场红利，合理配置家庭资源和个人财产，不断夯实共同富裕的物质基础。

三是推动城乡之间均衡发展，增强落后地区、农村地区、偏远地区网点触达客户群体的服务覆盖面，缩小区域之间的经济差距，缓解我国东部和西部地区经济发展不平衡、不充分的矛盾，提高金融产品和金融服务普及度，为解决城乡发展不平衡、不充分问题提供"解药"，成为全社会共同富裕纵深发展的重要保障。

二、营造绿色环保和金融价值双赢局面

当前，环境保护和绿色发展理念越来越受到国际社会的重视，发展绿色金融成为大势所趋。我国也多次提出创新、协调、绿色、开放、共享的新发展理念。

2022 年 1 月 4 日，中国人民银行印发《金融科技发展规划（2022—2025 年）》，提倡绿色金融和普惠金融结合，创造绿色共享的金融环境。同年 4 月，中国证监会发布金融行业标准《碳金融产品》（JR/T 0244—2022），为碳金融产品规范有序发展提供了依据。同年 6 月，中国银保监会印发《银行业保险业绿色金融指引》，引导银行保险机构发展绿色金融，加大对绿色发展的支持力度。同年 7 月，银行间市场交易商协会作为主任单位，牵头绿色债券标准委员会发布《中国绿色债券原则》，标志着国内与国际接轨的绿色债券标准正式建立。

从发展理念上看，绿色金融和普惠金融都是践行以人为本的金融活动。绿色金融注重人与自然和谐共生，致力于推动经济向可持续方向发展，严守生态保护"红线"，突显金融的生态价值。普惠金融则致力于为弱势群体提供机会均等的金融服务，关注社会财富的人员构成和分配比例。绿色金融和普惠金融都是新环保主义在金融市场的具体落实，体现市场发展与环境保护的共同价值，追求高效利用、长远持久的发展模式，最终以环保、亲民、可负担等方式推动经济和环境协调发展，打造人与自然和谐共生的新格局。

普惠金融应与绿色金融联系更加紧密。例如，在绿色金融理念支持下，将绿色金融理念嵌入普惠金融服务过程，为有金融需求的社会各阶层提供绿色产品服务，充分发挥其资源配置、风险管理、市场定价三大功能，继而逐步完善绿色金融标准体系、信息披露制度、政策激励约束机制、绿色产品创新体系、绿色金融国际合作"五大支柱"，因地制宜发展生态产业、绿色产业、循环经济。金融机构可以帮助中小微企业发行绿色债券和绿色发展基金，为其开立碳账户、完善碳核算方法、计算碳排放量及建立农业碳减排风险共担机制，将普惠金融标准植入绿色金融发展理念，推动绿色金融和普惠金融协同发展，逐渐演化成为更高质量、更持久的绿色普惠金融。

三、助推社区金融和民生服务

北京大学数字金融研究中心有关研究统计显示：在"北上广深"一线城市中约有 8.5 万个成熟社区，聚集了 7800 万人口。我国社区巨大的人口基数为普惠金融进入社区提供了天然切入口，有利于打造"普惠金融+社区金融+生活体验"生态圈，让更多的普通社区居民参与"互联网+公共服务+普惠金融"领域，提升人民群众的获得感和幸福感。

普惠金融可以引导国有银行、股份制银行、地方银行、中小商业银行、互金平台及金融科技企业深入挖掘社区居民金融需求。例如，在城市社区设立"金融综合服务体"，在乡村社区设立"金融服务站"，使其变身为社区金融服务机构与社区电商服务运营商。根据社区居民家庭经济状况、个人收入情况、投资偏好和消费能力，提供社区居民储蓄、融资信贷、投资理财、人寿与财产保险、税务汇兑和咨询等金融服务，确保社区居民有机会积累个人和家庭财富。

同时，推进社区内的在线教育、互联网医疗、智慧图书馆、体育设施、游乐场所、影剧院等公共服务资源普及应用，提供日常生活缴费、网上购物、支付结算、征信查询、网上购物等服务，为社区低收入人群、下岗人员、残疾人士生活便利化创造条件，为千家万户提供"接地气、一家亲"的社区金融服务。

四、消除数字鸿沟及社会隔阂

中国人民大学中国普惠金融研究院 2022 年调研报告显示，目前，我国老年人消费仍以现金为主，70 岁以上老年人更偏爱现金支付，只有不到 18%的老年人使用微信、支付宝或银行 App 进行支付；在办理银行业务时，85%以上的老年人以银行柜台办理为主，自主使用自动柜员机或自动取款机（ATM）的人数占比不到 10%。老年人"搞不懂、学不会"数字工具，且对数字化金融资产的安全性顾虑重重，使其很难享受到数字金融服务和产品，这是引发我国"数字鸿沟"的主要原因。"数字鸿沟"问题不仅仅是数字科技发展带来的技术问题，还涉及金融服务获得机会公平的社会问题。

2022 年 1 月，中国银保监会印发了《关于银行业保险业数字化转型的指导意见》，要求银行保险机构发展产业数字金融，解决"数字鸿沟"问题。因此，帮助长期受"数字鸿沟"困扰的人群正确使用数字工具和消费数字产品，是 2023 年普惠金融的一项重要任务。

一方面，普惠金融应该以人为本，为老年人、文化程度较低的人群及残障人士提供更便捷的金融工具和服务渠道。例如，利用大数据、客户移动终端、人工智能、App 等在远程开户、线上支付方面提供简单、实用的金融产品,提升特殊群体对数字工具的体验感、获得感和安全感。同时,挖掘老年客户的金融需求,按照适老化要求量身定制与其风险承受意愿和能力相匹配的金融产品,让更多老年人享受到数字普惠金融的服务,进一步消除"数字鸿沟"带来的社会负面影响,跨越"数字鸿沟",提高普惠金融服务的范围和普及效能。

另一方面,金融监管机构、商业银行、互金平台需要及时更新大字版、语音版、民族语言版、简洁版等应用软件,提供更简易、更直接的服务,让老年人和文化程度不高的人群能够在日常生活场景中接受数字化服务,提升特殊群体的数字化感应能力,切实解决老年人、残障人士等群体在运用智能技术方面遇到的困难,提高他们"会用、敢用、想用"数字化工具和产品的能力,避免"数字鸿沟"进一步扩大。

五、小额信贷助力消费金融发展

小额信贷是普惠金融的起源和基础,普惠金融是小额信贷的延续和发展。针对低收入群体的小额信贷包括生产经营信贷和生活消费信贷,而有时这两者无法完全割离。无论是现在还是未来,消费都将是拉动我国经济增长的第一动力。过去 3 年,消费金融发挥了"压舱石"作用。数据显示,最终消费支出占 GDP 的比重达到 54.3%,高于资本形成总额 11.2 个百分点。

中央经济工作会议提出,2023 年重点围绕改善消费条件、创新消费场景、营造消费氛围、提振消费信心,促进消费向绿色、健康、时尚、品牌、智能方向发展,把扩大内需和改善人民生活品质列为重点工作。2023 年 1 月,中国银保监会召开全国 2023 年金融工作会议,部署了 9 个方面的重点任务,把支持恢复和扩大消费摆在优先位置,挖掘消费潜力成为普惠金融快速发展的重要一环。

针对小额分散、场景结合的消费信贷特征,消费金融形成与之适配的场景分析、获客运营、信用风控等综合能力,深度切入消费产业链与个人消费场景,利用大数据、人工智能等创新风控手段评估个体消费者的信用风险,提供涵盖企业画像、知识图谱、信贷风控、动态定价的零售金融方案,不断深化数字化流程改革,不断延伸和扩大用户群体,有效降低消费金融产品的风险定价,增加产品的多样性,拓宽用户覆盖面,提供更多的小额信贷以支持消费行业复苏。例如,加强对餐饮、文旅等受新冠疫情冲击严重的传统服务行业和小微企业在创业、生产经营活动中的纾困帮扶力度,提高消费信贷的可获得性、便利性和普惠性。

六、加强普惠金融监管和安全措施

深化普惠金融领域监管体制改革,应着力加强审慎监管与功能监管、行为监管与机构监管的协调,强化数字普惠金融监管。对打着普惠金融旗号开展的非法放贷、高利放贷等活动要及时打击,对出卖、传输、贩卖、转让、盗取我国普惠金融数据、信息的行为坚决予以惩罚。同时,还要抓紧健全新业态、新产品制度规则,细化配套监管文件,提升监管能力,有效遏制风险乱象。

七、突出以人民为中心的普惠型服务意识

坚持以人民为中心的发展思想,把人民对美好生活的向往作为普惠金融的工作目标,让人们更加便捷地获得普惠金融服务,更好地满足实体经济金融需求。警惕部分金融机构小微金融业务"普而不惠"。坚持金融业务必须持牌经营原则,提倡功能监管,加快建设中国特色普惠金融体系,守正创新,树立负责任的金融理念,实现金融市场发展与增进人民福祉相融共进的局面。

第九章

韩国支持中小企业发展的典型经验

近年来，韩国不断加大对中小企业的支持力度，推动中小企业健康良性发展。本章重点梳理了韩国在资金支持、创新支持、数字化赋能、市场开拓4个方面支持中小企业发展的典型经验，以期为推动我国中小企业高质量发展提供借鉴与参考。

第一节　资金支持

一、创业扶持基金

创业扶持基金是政策性基金中规模最大的一项，是扶持技术和业务能力优秀但资金实力不足的中小企业和创业公司的创业扶持基金。创业扶持基金针对不同的支持对象可分为两类。一类是"一般初创企业支持基金"，针对缺乏资金的中小企业且拥有7年以上从业经验、未满39岁的创业者；另一类是"青年创业基金"，面向创业未满3年的中小型企业创业者，为其提供用于推广、分销和物流设施建设的营运资金，以及用于启动成本、产品生产成本和业务管理所需的资金。

二、新成长型基金

新成长型基金用于支持初创企业和早期企业集中培育战略产业，以扩大未来具有成长潜力的项目，是继创业扶持基金之后的第二大基金（1.5万亿韩元，约合人民币81亿元）。其目的是通过向具有良好经营业绩和一定技术实力的中小企业提供提高生产力和高附加值等竞争力所需的资金。

新成长型基金分为 5 类，分别是"有潜力的新成长型企业基金""技术实力雄厚的企业基金""获准合作的企业支持基金""基础制造企业的成长型基金""高成长企业培育基金"。

三、应急管理稳定基金

应急管理稳定基金的支持资金相对较少（1550 亿韩元，约合人民币 8 亿元），当发生自然或社会灾害造成损失时，中小企业银行以直接贷款的形式弥补企业损失。其目的是解决具有高发展前景企业的经营困难，并通过补贴业务正常化所需的费用，为中小企业创造稳定的经营基础。

四、投资贷款综合金融基金

投资贷款综合金融基金支持资金相对较少（1500 亿韩元，约合人民币 8 亿元），中小企业银行通过直接贷款提供设施资金和流动资金。以融资、投资的方式为企业提供未来增长价值，旨在促进创业并促使其进入成长期。

投资贷款综合金融基金的支持对象有 3 个。一是未来成长性较大的企业，为其中有望实现一定营业利润的企业提供利益共享型贷款。二是技术成果显著和未来增长价值大的企业，为其中未获投资的民间企业提供成长共享型贷款。三是发展前景较好的文化产业公司，为其中未获投资的民间企业提供项目金融贷款。

五、信用保证基金

一是票据保险。票据保险仅承保商业交易过程中收到的票据，票据分为个人票据保险和综合票据保险两种，最高可投保 10 亿韩元（约合人民币 41 万元）。相关企业通过信用保证基金和信贷用调查后，可得到保险接收金额。

二是应收账款保险。当中小企业提供物品或劳务而取得的汇票被拒付，以及债务人对销售债券不履行债务时，信用保证基金在一定限度内支付保险金。

第二节　创新支持

一、提升中小企业研发经费

韩国政府计划将中小企业专用研发经费支持规模扩大 2 倍，2017 年中小企业专用研发经费支持金额为 1.167 万亿韩元（约合人民币 63 亿元），2022 年中小企业专用研发经费支持金额约为 3 万亿韩元（约合人民币 162 亿元）。此外，韩国政府的中小企业技术创新预算也有所扩大，从 2017 年的 3.10 万亿韩元（约合人民币 167 亿元）扩大到 2021 年的 4.33 万亿韩元（约合人民币 234 亿元）。[①]

二、推动半导体材料、零部件、设备产业项目发展

韩国中小风险企业部自 2020 年设立了 "Tech-Bridge-Utilized 商业化技术开发项目"，通过利用技术交易平台 "Tech-Bridge" 将大学和研究机构的技术转移到中小企业并将其商业化。2021 年，为进一步加强对中小企业的支持，设立 "材料零部件装备战略合作技术发展项目"，利用高校和科研院所的源头技术和基础设施培育中小企业。

根据《半导体材料、零部件、设备产业特别法》，韩国从 2020 年开始编制半导体材料、零部件、设备产业特别预算，开展中小企业技术创新开发项目和中小企业商业化技术开发项目，2021 年的项目预算分别为 1142 亿韩元（约合人民币 6 亿元）和 1885 亿韩元（约合人民币 10 亿元）。半导体材料、零部件、设备产业的核心项目在重点支持的中小企业项目中数量增多，从 2020 年的 74 个项目扩大到 2021 年的 99 个项目，并在 2022 年扩展到 104 个项目。

此外，韩国在政府指定的重点项目名单里扩大中小企业支持项目的占比，于 2020 年支持了 74 个中小企业项目，于 2021 年支持了 99 个中小企业项目，于 2022 年支持了 104 个项目。

---

① 数据来源：《韩国智能商业创新计划》。

三、推进未来新产业领域发展

韩国中小风险企业部全面修订了《规制自由特区及地区特色发展相关规制特例法》，旨在发展区域未来新产业。为了支持规制自由特区内未来新产业的发展，2020 年新设"规制自由特区创新事业培育研发资金""建立规制自由特区实证基础研发资金"，财政预算分别为 784 亿韩元（约合人民币 4 亿元）和 1236 亿韩元（约合人民币 7 亿元）。

四、支持开放式创新网络

为推动半导体、生物等领域有潜力的中小企业进行技术创新，从2019 年开始，韩国政府开展了"开放型创新网络项目"，邀请了约 1000名企业家、大学教授、研究人员、投资机构专家参与其中，遴选了 180项研发课题，实现了 23 项技术转让，吸引了 50 亿韩元（约合人民币2705 万元）的投资。

五、支持中小企业研发创新

韩国中小风险企业部于 2019 年 8 月与韩国科学技术部等相关部门在第 20 届经济长官会议上讨论"中小企业研发支持体系创新方案"，并制定了中小企业研发支持体系，对中小企业在支持期限和企业规模上进行差别化的经费支持：对于处于创新初期的初创企业提供短期、小额度的研发经费支持；对于处于飞跃阶段的企业，为确保其市场竞争力，给予中期或中长期研发经费支持；对于研发能力和全球市场竞争力相对成熟的企业，给予长期的研发经费支持。

六、支持以市场为中心的技术革新

为提高中小企业研发商用化的成功率，韩国采取了相应措施，包括扩大商业化课题占比、下调技术经费支付金额、调整研发成败判定标准、采取后付式研发支持等。

扩大商业化课题占比。根据中小企业技术路线图，韩国在原材料、零部件、设备等领域，对中小企业研发课题进行遴选，聚焦于战略性新兴领域，包括"BIG 3 产业"（生物保健、半导体、未来汽车），以及数字创新、绿色技术等，计划在 4 年内提供 20 亿韩元（约合人民币 1082 万元）的财政资金支持。

下调技术费支付金额。之前韩国政府对中小企业研发技术商业化的方式是以固定技术费支付的方式，这样会增加小型企业的成本负担。韩国政府于 2019 年 2 月调整了技术费支付方式，将原规定中"中小企业技术费的收取限额统一为 20%"，调整为"根据企业规模，小型企业收取 10%、中型企业收取 20%"，从而减轻了中小企业的技术费缴纳负担。

调整研发成败判定标准。现有的中小企业研发中期支持计划的成败判定标准由客观性指标组成，难以判定中小企业研发活动是否是处于前沿的、新兴领域的。为此，韩国中小风险企业部扩大了评价指标范围，在开发技术指标中引入新药的注册数量，在判断市场成功与否的指标中引入消费者满意度或会员注册数量等。

采取后付式研发支持。韩国政府从 2020 年开始试点，根据企业研发情况决定是否给予政府年金支持，即采取后付式研发支持，鼓励企业先行投资，将研发成功时获得的政府年金作为企业商业化所需的运营资金。

七、鼓励企业实现研发业务化

韩国中小风险企业部为解决中小企业在技术开发和商业化中面临的资金不足和销路不畅等问题，与民营银行合作，以低利率贷款支持企业技术商业化过程中所需资金。2021 年，韩国政府将每年 6000 亿韩元（约合人民币 32 亿元）的低息融资资金扩大到 1 万亿韩元（约合人民币 54 亿元），计划 2021—2023 年，确保 1300 亿韩元（约合人民币 7 亿元）规模的民营银行投资资金用于支持有潜力的成长性中小企业进行技术研发。

为促进中小企业优秀技术产品进入公共市场，韩国政府于 2019 年 7 月制定《面向创新的公共采购方案》，其中提到 "中小企业优秀研发创新产品制度"，每年遴选 100 余种项创新产品，由政府推动产品进入市场。

八、构建开放创新的产学研生态体系

从 2008 年开始，政府和投资企业共同筹集资金为中小企业产品研发提供支持，2019 年将每个课题的费用从 10 亿韩元（约合人民币 541 万元）扩大到 24 亿韩元（约合人民币 1299 万元）。此外，基金筹集金额逐年扩大，2019 年资金筹集金额为 438 亿韩元（约合人民币 2.4 亿元），2020 年资金筹集金额为 582 亿韩元（约合人民币 3.1 亿元），2021 年资金筹集金额为 992 亿韩元（约合人民币 5.4 亿元）。此外，支持课题数量由 2019 年的 63 个增加到 2020 年的 135 个。

九、鼓励投资型研发

加强以市场为基础的研发支持项目，借助民间投资推动市场友好型技术开发，使中小企业逐步摆脱对政府支持的依赖。将制造业技术密集型中小企业作为支持重点对象，增加其获得投资的可能性。通过第三方运营公司推动创新生态的良性发展，遴选风险投资和研发服务公司之间的联合体运营商，借助其技术能力和市场挖掘能力帮助中小企业对接投资。对中小企业的业绩进行评估，筛选出有发展前景的中小企业后，并给予全周期的投资支持。

十、加强研发支持的公正性、透明度和问责制

在前期阶段，借助提高申报补偿金额和制定安心申报制等，鼓励研究人员进行公益举报，改善技术研究环境。2020—2021 年，公益举报数量上升了 2.3 倍，由 33 件上升至 76 件。在监察阶段，扩大了"研发支持不正当供给检查团"的编制，对近 5 年政府支持的研发课题（约41000 项）进行筛查，筛选出存在支持资金不正当使用的课题，对其进行现场检查。在制裁阶段，将违规者不能参与相关研发课题的年限由 5 年延长至 10 年，并处以政府支持资金 5 倍金额的罚金。通过实施限制违规使用研究经费、征收制裁罚款、刑事处罚等措施，减少不正当使用研究经费的现象。

第三节　数字化赋能

一、降低中小企业数字技术应用障碍

一是制定数字代金券计划，降低中小企业数字技术使用成本。该计划将中小企业与韩国国内供应商联系起来，旨在通过补贴支持 8 万家中小企业使用供应商提供的数字化服务。中小企业最多可以使用 400 万韩元（约合人民币 2.2 万元）来购买服务，企业仅需承担 10%的成本。中小企业应当在韩国中小企业和创业部认定的服务供应商和平台中使用代金券支付数字化服务，数字化服务范围包括电子签名工具、网络安全软件、视频会议解决方案和在线培训等。韩国中小企业和创业部持续监测数字代金券计划完成的情况，及时调整限制条件以防政策滥用。

二是推出共享电话会议室计划，为中小企业提供电话会议设施。中小企业聚集区域的科技园、产业园区、企业孵化协会和创意经济创新中心等均可申请最高 1200 万韩元（约合人民币 6.5 万元）的补助，用于将现有空间翻新为在线视频会议室，并购买摄像机、麦克风、投影仪和视频会议软件等会议设备,政策支持对象必须免费或按照政府预先约定的条件向中小企业提供电话会议设施，还需配备专人维护设施至少 3 年。自 2020 年起，韩国政府累计投入超过 234 亿韩元（约合人民币 1.3 亿元），建设了 1567 个在线视频会议室。2021 年，为提高视频会议室的使用便利性，韩国政府开设了实时定位、状态确认、可以预约的视频会议室管理门户网站。数字代金券计划和共享电话会议室计划的限制条件和资格见表 9-1。

表 9-1　数字代金券计划和共享电话会议室计划的限制条件和资格

政策举措	政策对象	限制条件和资格
数字代金券计划	数字服务供应商	以下情况下，数字服务供应商的资格将被取消，并处以罚款： （1）转售现有产品； （2）聘请第三方来吸引用户并支付奖励； （3）参与价格操纵活动； （4）进行搭售；

续表

政策举措	政策对象	限制条件和资格
数字代金券计划	数字服务供应商	（5）直接或间接向代金券用户提供现金或商品，以换取使用其服务； （6）代金券用户的满意度较低
	代金券用户	（1）如果多个企业拥有同一位首席执行官（CEO），则只有一家公司符合条件； （2）企业必须直接在平台上申请该计划； （3）获得的代金券需要在 8 个月内使用； （4）如果代金券用户对应业务暂时或永久关闭，则应退还代金券
共享电话会议室计划	办公空间供应商	（1）补贴不能用于购买家具； （2）政策支持对象必须运营设施（包括行政支持、资产管理和维护以及组织时间表）至少 3 年，否则补助金额需要退还； （3）视频设备不能用于营利目的

数据来源：赛迪中小所整理

三是助力中小企业远程办公。一方面，推动中小企业采用弹性工作制，并提供补贴和远程办公法律方面的咨询和培训。韩国就业和劳工部在新冠疫情期间简化了政策申报程序，并增加了补贴金额。另一方面，推动中小企业建立远程办公基础设施。与数字代金券计划类似，韩国就业和劳工部为中小企业提供补贴以支持中小企业支付与远程办公基础设施相关的成本，包括设备、云计算工具、网络安全系统，以及政策咨询和人力资源培训费用。韩国就业和劳工部还在 2020 年为企业发布了远程办公手册，普及远程办公基础知识，展示最佳实践，并对法律等关键问题进行解释。

二、推进中小企业智能工厂建设

韩国政府推出了"智能制造扩散和推进战略"[①]，为制造业中小企

---

① 由韩国中小企业和创业部、韩国科学和信息通信技术部和韩国工业和能源部组成的部委联合小组，于 2018 年出台了"智能制造扩散和推进战略"。

业购买生产设备、服务及咨询提供资金支持。韩国政府优化了资金支持方式，不再向企业提供补贴，而是通过区域工业园区提供支持。韩国中小企业和创业部成立了智能工厂推广专门机构——"智能制造创新推进团"，并聘请了智能工厂专家作为"智能制造创新推进团"团长，强化人员的专业性。该机构在 19 个科技园设立了智能制造创新中心，利用区域内的各类专家，为中小企业提供智能制造技术测试认证、智能制造方案供应商匹配、实施情况评估、需求挖掘、咨询及培训等定制化服务。"智能制造扩散和推进战略"实施时的组织结构。

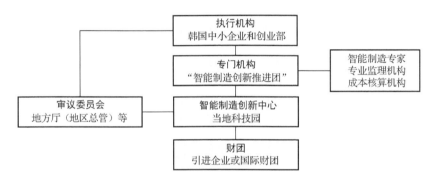

图 9-1　"智能制造扩散和推进战略"实施时的组织结构
数据来源：赛迪中小所整理

智能工厂建设可分为政府主导普及型和公私合作型两类。对于政府主导普及型智能工厂建设项目，政府支持高达 50%的智能工厂建设成本。公私合作型智能工厂建设项目采用大型企业与中小企业双赢模式，由中小企业与大型企业合作建设智能工厂，政府支持高达 30%的成本，之后由民间资本建设智能工厂，由政府最终进行智能工厂的等级认证。自 2020 年起，智能工厂推广战略从低水平的数量扩张向高水平推进转变。2020 年 7 月，韩国政府制定了"基于 AI 数据的中小企业制造创新升级战略"，同年 12 月，构建了全球首个人工智能（AI）制造平台"KAMP"，同时推动大学、研究机构、云计算企业、供应商、AI 专家等参与该平台运营，为中小企业提供数据储存、AI 开发、AI 数据集和标准模型、AI 解决方案、专家咨询、教育等服务。2021 年，为提高智能工厂的可扩展性和利用性，韩国新认定 10 家"K-智能工厂"，推进智能工厂先导模式培育。此外，以产业园区等为中心，新设立的"数字集群项目"通过网络连接企业间有合作需求的智能工厂。智能工厂建设支持内容见表 9-2。

表 9-2　智能工厂建设支持内容

类　别	具体项目	支持内容
政府主导普及型	基础和高级化	自动化设备、控制器和传感器，用于构建采用物联网、第 5 代通信技术（5G）、大数据、增强现实（AR）、虚拟现实（VR）、AI 和云计算等先进技术的智能工厂解决方案，以改进产品设计和进行生产流程支持等
	行业专业化	支持类似制造工艺（行业）专用解决方案，以及自动化设备、控制器、传感器等，加强企业间的联系
	数字集群	超越以个别工厂为中心的支持，支持价值链或协作企业等多家企业的智能工厂以数据和网络为基础相互连接，同时进行材料管理、订单、生产、流通、营销等
	K-智能工厂	从精密诊断到战略制定，支持建立领先的智能工厂。支持建立 AI、5G、数字孪生等先进的解决方案
	碳中和型智能工厂	以高碳排放行业为中心，提供能源诊断、设计咨询、基于信息与通信技术（ICT）的碳减排工程革新等"一揽子"支持
公私合作型	"大型企业与中小企业双赢型"智能工厂	主管机关（大型企业等）与中小企业合作建设智能工厂时，政府部分补贴成本
	智能工厂等级认定	客观诊断企业智能制造水平，提供升级指导方针及智能工厂认证

数据来源：赛迪中小所整理

在一系列政策的支持下，截至 2021 年，韩国政府普及了 25039 家智能工厂，奠定了中小企业智能制造基础。此外，韩国培育了 1600 多家智能制造解决方案供应商，部分中小企业成功吸引了外部投资并拓展了海外市场。绩效监测结果发现，中小企业通过智能工厂建设，显著提高了生产效率、产品质量和经济效益等，生产效率提升了 28.5%，产品质量提升了 42.5%，销售额增加了 7.4%，生产成本降低了 15.5%，工伤事故降低了 6.2%。

三、促进中小企业贸易数字化

一是搭建电子商务平台，助力小微企业在线销售。韩国中小企业和创业部拨款 762 亿韩元（约合人民币 4.1 亿元），支持微型企业数字化销售相关活动，该款项自 2019 年以来增长了 8 倍。韩国中小企业和创业部于 2020 年运营"Buy Value，Live Together"小企业电子商务平台，为小微企业提供在线销售渠道并推广其产品。同时，韩国政府建立了企业与企业（B2B）集成平台（Kobiz Korea），海外买家能够轻松地在线搜索中小企业的产品，并提供从商品挖掘到物流、通关的电子商务出口全过程支持。上述措施显著增加了企业数字贸易，近 3 年来，韩国在线出口企业数量以两位数高速增长，2021 年在线出口额达 6.07 亿美元（约合人民币 44.37 亿元），同比增长 92%。

二是组织虚拟贸易展览会，帮助中小企业对接海外客户。在新冠疫情期间缺少大型展览会的情况下，政府与国际贸易协会、中小企业联合会合作，举办了一系列特定主题的虚拟贸易展览会，帮助中小企业与来自 90 多个国家的海外买家和卖家建立联系，增加中小企业海外销售机会。韩国政府于 2020 年 8 月扩大了支持规模，帮助参会的中小企业进行商业对接、制作宣传材料、提供翻译服务等。同时，参会企业还可以以优惠的价格考察产品样品，在国外线上平台展示。据统计，从 2020 年 3 月到 2021 年 12 月，韩国政府共举办了 95 次虚拟展览会，帮助 2337 家公司在不出国的情况下与买家进行交易。此外，成立线上与线下（O2O）战略联盟，借助合作机构的海外中心和大型企业分销网络，逐渐将展览会扩展为"线上+线下"混合模式。在该模式中，区域协调员向买家推广产品信息，买家能够测试产品并与出口商联系。

三是保障中小企业的航运和海运能力，为跨境贸易提供便利。一方面，韩国中小企业和创业部与韩国海洋和渔业部，以及韩国贸易、工业和能源部合作，推出海运问题响应部际间"一站式"服务，设立"进出口物流综合响应中心"，与船东协会、行业协会和其他利益相关方合作，监测和缓解新冠疫情期间海运紧张的问题。为支持中小企业缓解出口物流障碍，韩国海洋和渔业部与国内大型航运企业合作，与国内中小企业签订长期运输协议，优先为中小企业分配舱位。另一方面，韩国中小企业和创业部与韩国旗舰航空公司签署谅解备忘录，为中小企业提供长期货运储存空间，降低其运费，确保线上销售产品及时交付。此外，出口型中小企业可实时获取详细出货信息并在线申请出货配额。2020 年 5 月，由于航空物流成本平均上升了 2～3 倍，韩国中小企业和创业部紧急启动了总预算 60 亿韩元（包括追加预算，约合人民币 3252 万元）的"航空运费保全事业项目"，为 1377 家在线出口企业支付不超过 500 万韩元（约合人民币 2.7 万元）的航空运费。2021 年，该项目支持范围扩大到海上运费，用于减轻 1421 家企业的航运和海运负担，保障出口型中小企业在海外市场的价格竞争力。

四、强化数字治理并提升数字化服务水平

一是加强网络安全保护，助力企业修复网络安全漏洞。一方面，韩国科学和信息通信技术部推出了面向中小企业的信息保护服务。中小企业可以获得针对企业网络安全风险的定制化监测和咨询服务、采用网络安全解决方案的服务支持，以及网络安全实践现场培训，援助金额高达800 万韩元（约合人民币 4.3 万元）。另一方面，韩国中小企业和创业部将可能遭受技术泄漏的中小企业与数字取证[①]专家进行匹配，为企业提供临时的数字取证支持。

二是营造良好的数字化监管法律环境。韩国政府于 2020 年 6 月修订了《电子文件和交易框架法》，明确了数字文件的边界及其法律效力。《电子文件和交易框架法》赋予电子文件与纸质文件同等的法律效力，可以降低企业打印和发送纸质文件的交易成本，企业也不需要存储和维护纸质文件。此外，韩国政府通过了《振兴数据管理法》，促进政府组织间的数据共享和私营企业的数据获取，有助于政府机构更多地参与基

---

① 数字取证（Digital Forensics）：数字证据的识别、保存、检查和分析，使用经过科学认可和验证的过程，并在法庭上最终呈现该证据以回答某些法律问题。

于证据的政策制定。

三是提升公共服务数字化水平。一方面，建立"数字一站式商店"，推进多部门间信息共享。韩国中小企业和创业部在新冠疫情期间建立了"数字一站式商店"，汇总了 36 个政府部门信息，减少了中小企业在单个政府网站上搜索、注册和申请项目的不便，企业仅通过一个身份证件（ID）认证就能访问所有的政府部门信息并获得援助。另一方面，加快行政部门办公自动化升级步伐。政府机关逐步探索基于人工智能的办公系统，加强基于数据的决策并与企业进行非接触式的互动。聊天机器人的应用也越来越广泛，为中小企业提供政府项目信息和全天候咨询。

第四节　市场开拓

一、政府采购支持

韩国规定公共机构优先购买中小企业开发的技术产品，以此支持中小企业技术开发产品的销售。其支持范围为中小企业开发的 13 种技术开发产品，包括性能认证、性能优异的软件、新产品、新技术、需求指定型技术开发产品、创新产品、绿色技术产品、产业融合新产品、产业融合新产品适合性认证、产业优秀器材指定产品、应急安全产品认证等。

二、推动国际化

一是加强中小企业的出口能力。韩国政府"中小企业出口能力增强项目"始于 1994 年，直到 2010 年仅支持出口额少于 100 万美元（约合人民币 730 万元）的出口入门级企业。从 2011 年开始，该项目支持目标扩大到有发展前景的出口公司和中小企业，并被扩展和重组为"中小型企业能力增强项目"。韩国政府提供从出口准备到海外扩张等方面的支持，包括海外产品展示、咨询等。该项目规模逐渐扩大，目前已成为韩国具有代表性的中小企业出口支持项目。

韩国政府还通过帮助中小企业进入国际市场、打造"韩国品牌"等支持中小企业出口，为中小企业提供贸易咨询、海外市场调研、知识产权咨询等服务。韩国政府直接推动出口的措施包括通过提高中小企业的品牌知名度来协助中小企业开拓海外市场，以及通过韩国出口投资保险公司为中小企业提供保险服务。

专栏 9-1："韩国品牌推广战略"

2019 年 10 月 8 日，韩国总统文在寅在国务会议上提出，遴选优秀的中小企业产品，打造国家品牌。

2020 年 3 月 26 日，为加强对韩国品牌的政策支持，相关政府部门联合发布了"韩国品牌推广战略"。

2020 年 12 月，为了加强对韩国品牌产品的支持，由政府、相关机构、民间组织成立了品牌联合协议体。品牌联合协议体由韩国贸易协会、韩国 MD 协会、中小风险企业振兴公团、技术保证基金、中小企业技术信息振兴院、中小企业流通中心、公共电视购物、乐天家庭购物等 12 个机构组成。

二是培养全球化企业。通过发掘具备创新性、成长性的优秀中小企业，通过全球市场成长战略、海外营销、研发支持等政策，将其培养成世界级、国际化企业。一方面，根据全球能力的诊断结果，对排名靠前的企业提供专用支持资金，并协助制定品牌全球化计划。另一方面，利用国外网站支持企业获得海外出口认证，支持其入驻海外市场，并在企业申请在线出口时给予优先支持。

三是扶持高成长性企业出口能力建设项目。发掘企业规模或市场占有率快速增长的高成长性企业，支持这类企业自主组织出口营销计划，实现海外市场开拓。韩国政府发掘销售额年均增长率为 20%的中小企业，对其提供出口培训、产品设计咨询、海外市场咨询及营销支持等，并给予出口营销费用 50%～90%的支持。

四是出口融资支持。为中小企业提供生产出口产品所需的资金支持，协助中小企业建立稳定的管理基础。根据出口订单或出口业绩，韩国政府以政策资金基准利率贷款支持企业生产出口产品所需的资金。

五是提升中小企业自由贸易协定（FTA）应对能力。韩国中小风险企业部为了加强和培养韩国中小企业在应对 FTA 方面的意识和技术水平，提供包括人员培训、进出口咨询、管理制度咨询等支持。一方面，通过建立专业领域专家库，提供 FTA 咨询，以及出口咨询、协助企业原产地核查/认证、出口商认证申请及原产地核查等。另一方面，通过专项培训提高企业对 FTA 的认知和理解。此外，在战略营销、技术信息咨询、组织合资企业方面，对具有技术实力的中小企业提供服务支持。

六是举办线上出口咨询会。为开拓中小企业的海外市场，韩国政府从 2020 年开始举办线上出口咨询会。中小风险企业振兴公团等引进了连接海外和国内的视频会议系统，建立了常设线上咨询站，为企业和海外市场搭建沟通渠道。从 2020 年 3 月到 2021 年 12 月，韩国政府共举办 95 场咨询会，共计 2337 家企业参会。

七是推动线上出口。为发展全球电子商务市场，提高中小风险企业的在线出口率，韩国政府建立了企业阶段性支持系统，覆盖"出口代理—直接出口—进驻当地市场"全流程。支持方式包括以下 4 个方面：支持全球宣传营销，制作英文产品销售材料；协助搭建英文、中文、日语等外文销售网站；协助企业开展搜索引擎营销策略，使产品在一段时期内保持在搜索结果的前几位；为企业提供多语种交易协议协助，包括俄罗斯语、葡萄牙语、西班牙语、阿拉伯语和法语等。在线出口平台功能示意见图 9-2。

图 9-2　在线出口平台功能示意

八是建立物流通道。2020 年 10 月 29 日，韩国中小风险企业部与韩国海洋水产部携手，为解决中小企业的物流困难，韩国海洋水产部要求相关船运公司优先向中小企业分配装运空间，并与其签订长期运输合同，旨在缓解中小企业的物流困难。与 2020 年 1 月相比，2020 年 5 月的航空物流费用平均提升 2～3 倍，韩国中小风险企业部紧急启动了 60 亿韩元（约合人民币 3246 万元）的航空运价保全项目，为 1377 家在线出口企业提供低于 500 万韩元（约合人民币 217 万元）的票价。2021 年，韩国中小风险企业部为 1421 个海空运项目提供运价保障支持。

三、外贸保障

一是派遣中小企业贸易促进团。自 1998 年以来，韩国中小企业管理局组织韩国中小企业合作社、行业协会和相关出口机构开展贸易促进团队派遣项目，以推动中小企业开拓海外市场。一方面，在企业参加海外展览会时，按照租赁费、设备费、运输费的 50%给予支持，每家企业的支持资金不高于 1000 万韩元（约合人民币 5.4 万元）。另一方面，对企业前期市场调查费用给予全额支持。此外，在企业进驻海外市场过程中给予信用调查费、咨询费、交通费支持。

二是大型企业和中小企业联合开拓海外市场。2010 年，大型企业和中小企业联合开拓海外市场支持项目作为试点项目被引入。该项目在中小企业难以独自开辟的海外市场领域，借助大型企业的基础设施资源进行联合开发。韩国政府出台《小企业系列化促进制度》《大企业向中小企业转移事业制度》等政策，提出以下措施：由大型企业为中小企业提供生产必要的原材料和半成品，大型企业将享受 15%的所得税优惠；对于大型企业和中小企业共同研制开发的技术项目，每年都可获得 6.5%的利率和 5 年的税收优惠；设立"工业发展基金""试验品开发支持资金"，以扶持中小企业发展海外市场。

三是建立中小企业出口孵化器。针对成立不足 1 年、仍处于技术实验阶段的中小企业，中小企业出口孵化器为其提供设备、管理咨询、技术拓展、资金支持等方面的支持。支持方式包括：第一年提供 80%的租金支持、第二年提供 50%的租金支持；提供办公室空间、会议室、营销专家、本地市场信息、营销网络建设方案等。

韩国企业孵化协会（KOBIA）是一个长期致力于帮助促进企业创新创业的组织，目前已经拥有 284 个企业孵育服务中心和 6000 多家企业孵化器，其职能包括搭建企业孵化服务网络、建立孵化器同高校等研发机构的合作等。

四是加强中小企业出口资格认证。韩国政府为在企业申请海外规格认证时提供认证费、工厂审查费、咨询费支持，计划支持 530 多家企业，总预算为 106.5 亿韩元（约合人民币 5762 万元），为中小企业提供获得认证费用的 50%或 70%以内的支持，每家中小企业支持资金不高于 1 亿韩元（约合人民币 54 万元）。

第十章

中小企业积极融入 RCEP 的机遇与挑战研究

第一节　RCEP 形成的背景和意义

一、RECP 形成的背景和历程

《区域全面经济伙伴关系协定》（RCEP）是东盟首次主导发起的区域经济一体化合作组织，是目前全球覆盖人口最多、发展潜力最大的自贸区，是东亚区域经济一体化发展的又一个里程碑。

RCEP 形成于 2012 年 11 月 20 日，在柬埔寨金边举办的东亚领导人系列会议期间，东盟十国与中国、日本、韩国等 15 国签署了《启动〈区域全面经济伙伴关系协定〉谈判的联合声明》，强调通过削减关税及非关税壁垒等手段，推动东亚区域经济一体化发展，开启了推动东亚地区统一市场的自由贸易区建设新篇章。

2017 年 11 月 14 日，在菲律宾马尼拉举行的区域全面经济伙伴关系协定首次领导人会议上，与会代表就关税、中小企业等相关议题进行了闭门磋商，为下一步发展指明了方向，为 RCEP 磋商攻坚注入强大动能，进一步坚定了东亚区域国家合作和一体化发展的信心。

2019 年 11 月 4 日，《RCEP 第三次领导人会议联合声明》在泰国曼谷举行的 RCEP 领导人第三次会议上被发表，宣布 15 个成员国之间的相关文本谈判和实质性市场准入谈判已全部结束，标志着谈判进入签订区域全面经济伙伴关系协定的冲刺阶段。

2020 年 11 月 15 日，东盟十国与中国、日本、韩国、澳大利亚、新西兰共 15 个成员国的经贸部长以视频会议的方式正式签署了 RCEP，标志着覆盖亚太地区的全球最大自贸区正式诞生，表明亚太地区大多数国家对多边主义、自由贸易的向往和共识，为亚太地区建立更加广泛的自由贸易区奠定了坚实的基础。

中国积极参与 RCEP 谈判，对 RCEP 的签订发挥了不可或缺的作用。尤其是在新冠疫情全球肆虐的关键期，作为世界经济增长的主要引擎，中国积极参与 RCEP 谈判在某种程度上奠定了其成功的航向。2019 年 8 月，北京举办了 RCEP 部长级会议，在市场准入、规则谈判等方面促成了重要进展，达成了超过 2/3 的双边市场准入谈判，以及金融服务、电信服务和专业服务 3 项内容 80% 以上的协定文本。RCEP 的签署进一步表明，中国一如既往地支持东盟在地区事务上发挥主导作用，愿意同各方深入合作，推动 RCEP 成果更早、更快、更多地惠及地区企业和民众，也必将为世界经济实现恢复性增长贡献新的力量。

二、RECP 与 CPTPP 的关系

CPTPP 协定的成员国包括东盟的文莱、新加坡、马来西亚、越南，以及日本、澳大利亚、新西兰、智利、秘鲁、加拿大和墨西哥，共计 11 个国家。截至 2022 年年底，CPTPP 11 个国家的总人口达 5.1 亿人、GDP 合计 13.5 万亿美元（约合人民币 98.7 亿元）、贸易总额为 3.9 万亿美元（约合人民币 28.5 亿元），分别占全球水平的 6.5%、13.4% 和 15.2%。

RCEP 的成员国包括东盟十国与中国、日本、韩国、澳大利亚、新西兰，共计 15 个国家。2023 年 6 月 2 日，RCEP 对菲律宾正式生效，标志着 RCEP 对 15 个签署国全面生效，成为全球覆盖人口最多、成员结构最多元、发展潜力最大的自由贸易区，成员国总人口、GDP、进出口总额均占全球总量的 30% 左右。

从成员国分布来看，CPTPP 与 RCEP 的成员国范围高度重合，文莱、新加坡、马来西亚和越南，以及日本、澳大利亚、新西兰共计 7 个同时参加缔约，分别占比 63.6% 和 46.7%。

CPTPP 与 RCEP 的主要条款聚焦重点不同。CPTPP 分为 30 个章节，包含货物的国民待遇货物市场准入、原产地规则和原产地程序、竞争政

策、国有企业和指定垄断、中小企业、知识产权、技术性贸易壁垒、透明度和反腐败、政府采购等内容。其中，国有企业和指定垄断章节重点聚焦非商业援助问题，直接针对中国国有企业，一旦不能科学应对，可能导致国有企业遭受大面积的指控诉讼。RCEP 只有 20 个章节，包含货物贸易、原产地规则、服务贸易、投资、中小企业、经济技术合作、政府采购、知识产权和竞争等主要章节（不包含国有企业和指定垄断章节），对非商业援助可能引发的泛化补贴及滥用诉讼等弊端进行了合理矫正。

RCEP 较 CPTPP 的包容性更强。除了包含 CPTPP 有关消除内部贸易壁垒、创造和完善自由的投资环境、扩大服务贸易等方面内容，RCEP 还涉及知识产权保护、竞争政策等多领域，内容更加广泛，包容性更大，对促进亚太地区维护开放、包容，以及基于规则的贸易体制和自由贸易发展至关重要。

三、加入 RECP 的重要意义

RCEP 的成功缔结，宣告美国奉行的单边主义、逆全球化战略图谋的彻底破产，进一步表明多边主义、自由贸易深受广大国家和人民的欢迎和信奉。特别是，全球受新冠疫情影响后，区域合作、自由贸易成为全球实现经济增长恢复的重要引擎，也是推动贸易惠及更多人民的重要依仗，具有重要价值和正面意义。

一是打破美国奉行的单边主义、逆全球化的战略图谋。作为东亚经济增长的第一引擎，中国以积极的姿态加入 RCEP，既是对东盟主导地区事务的一贯支持，又是打破美国战略封堵的重大举措，是具有战略意义的"里程碑"事件。RCEP 的签署破解了美国以贸易争端为先导、以"冷战"为终局的亚太地区战略同盟，为中国构建更高水平的开放格局营造了较为稳定与和平的周边环境，对破解美国的图谋起到了非常重要的作用。RCEP 的签署反映了在中美博弈背景下的中国战略思路，具有重大的战略意义。

二是实现了《中日韩自由贸易协定》（FTA）的新突破。《中日韩自由贸易协定》的签署经历了非常漫长的谈判过程，涉及众多利益问题，但也有尚未解决的主体内容。日本参与的 RCEP，基本上解决了《中日韩自由贸易协定》没有达成一致的主体内容，对改善中日关系有很大的促进作用。中国和日本分别作为世界第二大、第三大经济体，经济总量之和与美国不相上下，中国和日本达成贸易协定的意义重大。

三是进一步提高了中国的对外开放水平。作为世界人口大国、世界第二大经济体，中国与其他经济体相互开放尤为重要。RCEP 的建立为中国和世界上其他国家（地区），包括欧盟、北美等一些重要区域的谈判提供了重要参考，大大提高了中国的总体开放水平，塑造了中国良好的对外开放形象。

第二节　我国中小企业加快参与 RCEP 的机遇与建议

我国海关总署数据显示，2022 年，中国对 RCEP 其余 14 个成员国进出口额达 12.95 万亿元，同比增长 7.5%，占中国进出口总额的 30.8%。随着我国中小企业迎来关税壁垒降低、贸易便利化程度提升、跨境电商高速发展等机遇，可以从拓宽中小企业关税优惠享受渠道、进一步加强中小企业国际贸易服务体系建设、推动中小企业数字化转型 3 个方面加快我国中小企业参与 RCEP 的进程。

一、我国中小企业参与 RCEP 的机遇

（一）货物贸易的关税壁垒降低

中小企业出口方面，RCEP 各国对中国的关税税率大幅减少。RCEP生效实施后，区域内 90% 以上的货物将逐步实现零关税，且日本、韩国、澳大利亚、新西兰、文莱、印度尼西亚、马来西亚、菲律宾、新加坡、泰国、越南 11 个国家承诺对 50% 以上来自中国的货物立即执行零关税政策。中小企业进口方面，RCEP 中原产地累积规则降低了产品获取原产资格的门槛，有利于区域内中小企业优化供应链、降低采购成本。2023年 1—6 月，中国对 RCEP 其他 14 个成员国出口中间产品 1.72 万亿元，占出口总额的 54.4%。其中，汽车零配件类、电工器材类的中间产品出口额分别增长 17.6% 和 22.4%。同期，进口铁矿砂、能源产品分别为 3.76亿吨和 1.78 亿吨，同比增加 4.7% 和 70.4%。中国企业在 RCEP 项下享惠进出口货值 1673.1 亿元，减让税款总计 29.8 亿元；享惠出口额为

1269.5 亿元，可享受其他成员关税减让 19.1 亿元。590 家经核准的出口商自主出具 RCEP 原产地声明 4844 份，涉及货值 43.4 亿元。

（二）贸易便利化程度提升

一是通关程序得到简化。RCEP 中第四章第九条提出，"允许以电子格式预先提交货物进口所需的文件和其他信息，以便在货物抵达前开始处理，从而在货物抵达时加快放行"。此外，对于快运、易腐等货物要以合理和必要的原则进行检查，争取货物抵达后 6 个小时内放行。二是经认证的企业便利化措施持续优化。RCEP 要求所有成员国均须建立"经认证的经营者"（AEO）认证制度，并向 AEO 认证企业提供与进口、出口或过境手续和程序相关的额外的贸易便利化措施，包括优先办理、减少监管频次、降低通关成本、缩短办理时间、优化服务五大类、22 条高级认证企业优惠条件。

（三）跨境电商高速发展

RCEP 第十二章中明确，"促进缔约方之间的电子商务，加强缔约方在电子商务发展方面的合作"。这对区域内跨境电商发展起到明显的促进作用。海关总署统计调查结果显示，2022 年，中国跨境电商进出口规模创新高，达到 2.1 万亿元，同比增长 7.1%。其中，出口规模为 1.53 万亿元，同比增长 10.1%。

二、有关建议

（一）拓宽中小企业关税优惠享受渠道，激发我国中小企业进出口贸易的积极性

一是加大政策宣传力度，提高我国中小企业对政策的知晓度。鼓励各地推行 RCEP 惠企政策"明白卡"，采用线上、线下相结合的方式，在各地政务服务中心和便民服务中心等办公场所，以及公交和楼宇等公共区域投放纸质卡，利用微信、微博等新媒介，以通俗易懂的方式，不断推广 RCEP 政策。二是提升服务效率，加快向我国中小企业发放原产地证明。鼓励中小企业自助打印原产地证明，缩减中小企业的办证时间和精力。

（二）进一步加强中小企业国际贸易服务体系建设，提升中小企业贸易便利性

一是推动建立 RCEP 中小企业公共服务平台。建立区域间数据共通共享机制，为中小企业提供关税查询、RCEP 商品备案、新闻资讯供给、合作商搜集等服务。二是积极探索建立海外中小企业服务体系。支持中国商业联合会、中小企业服务机构与 RCEP 成员国商业联合会、科研机构合作，共同打造中小企业海外服务体系，重点支持大型商业银行、国有企业在 RCEP 成员国设立"中国中小企业中心"，打造海外中小企业服务体系的"桥头堡"。三是加快中小企业 AEO[①] 认证步伐。积极开展 AEO 认证培育工作，联合多部门借助多媒体直播平台，解读企业 AEO 认证的相关情况，并免费为企业开展 AEO 认证培训活动，成立"中小企业 AEO 认证"工作小组，实地走访中小企业，提供"一对一"的培育服务，加速中小企业 AEO 认证进程。

（三）推动中小企业数字化转型，促进中小企业步入跨境电商赛道

一是加快推进中小企业数字化转型试点工作。选取一批具有代表性的城市作为创新试点，探索形成一批可复制推广的典型模式，实现"试成一批、带起一片"。二是加强专业人才队伍培养。鼓励中小企业与高校之间开展人才联合培养计划，开设数字化转型人才专题研修班，定向为中小企业输送专业人才。三是开展中小企业数字化转型诊断服务。从需求侧和供给侧两端发力，通过政府采购数字化转型诊断服务的形式，为中小企业提供数字化转型诊断服务，并提供个性化的解决方案。

第三节　RCEP 赋能中小企业"专精特新"发展的"加减乘"法

RCEP 条款中的降税优惠、技术研发开放、知识产权保护提升等主要内容，进一步支持中小企业充分利用日本、韩国、澳大利亚、新西兰

---

① AEO 即经认证的经营者（Authorized Economic Operator）。

等发达国家的优势科创资源，畅享跨境电商"蓝海"，赋能中国中小企业"专精特新"发展，切实提升其专业化和精细化水平及创新能力。

一、RCEP 赋能中小企业"专精特新"发展的主要内容

充分利用原产地规则，享受 RCEP 关税优惠红利，赋能中小企业开拓区域国际市场。RCEP 第二章第四条明确提出，各缔约方"应当根据关税承诺表消减或取消对其他缔约方原产货物的关税"。原产地货物或产品进入 RECP 缔约方市场可以同等享受其关税承诺表中承诺的关税减免优惠。我国中小企业可以充分利用原产地规则，最大限度地消除相关市场的关税壁垒，提升货物或产品出口竞争力，抢占 RCEP 区域市场。依托各缔约方构建的统一开放的信息共享平台，我国中小企业可以充分获取目标市场的政策信息和商业机会，借鉴知识、经验与成功实践，提升开拓国际市场的成功率。

发挥跨境电子商务优势，深化产业链国际合作，赋能中小企业提升全球价值链参与度。RCEP 特设"中小企业"专章，明确"鼓励和便利中小企业参与"的协定宗旨，特别强调"促进中小企业使用电子商务"，为中小企业获得其他缔约方的市场机会提供便利。鼓励各缔约方建立高效、便利、透明的贸易制度，探索共享中小企业"创业计划经验交流"，增强国际合作的深度和广度。

抢抓研发服务开放机遇，提升技术创新与使用效率，赋能中小企业增强创新能力和水平。RCEP 强调，鼓励中小企业研发创新和使用新技术，提升知识产权创造、运用、管理和保护能力，进一步夯实可持续发展的基石。RCEP 要求，各缔约方要共享中小企业创新能力和竞争力的最佳实践，推广中小企业管理良好实践，制定助力中小企业发展和能力建设的法规、政策和规划，支持中小企业可持续发展。

二、RCEP 赋能中小企业"专精特新"发展的"加减乘"法

加法：关税优惠加持，助力拓展国际市场，提升专业化水平。通过原产地规则，RCEP 确保推动各缔约方降低中小企业市场准入门槛，降

低原产地条件产品的出口贸易成本，促进资源要素在区域内自由流动，进一步提升原产地产品的竞争力，扩大市场占有率。RCEP关税优惠加持，可以促进原产地产品比较优势的充分发挥，帮助原产地产品更加便利地进入区域市场。原产地产品区域市场占有率的大幅提升，使得中小企业生产经营的规模效益逐步放大，运营效率也随之改善，中小企业专注于细分领域发展的动力也会更加充足和稳固。RCEP消减或取消原产地产品的规定，有利于我国稳定外贸基本盘，弥补中美贸易摩擦的影响。例如，日本承诺对中国纺织服装产品实施零关税政策，有利于经营纺织服装的中小企业直接扩大对日出口。同时，原产地产品关税减免优惠措施也有利于东盟进口中国原材料用以加工终端产品，帮助相关产业中小企业进一步拓展国际市场。

减法：产业转移加快，推动聚焦优势领域，提高精细化水平。RCEP的确立和有效实施，有助于推动区域统一"大市场"的建立和完善，便于生产要素在区域内自由流动，进一步加快产业转移步伐，加剧区域内的产业竞争。尤其是纺织、服装、玩具等部分劳动密集型产业会加速向土地、劳动力成本更加低廉的东盟国家转移，相关产业中小企业面临的竞争更大，风险和挑战更多。中小企业要树立风险意识和底线思维，充分利用自身优势，聚焦优势领域，专注主业，消减或剥离非优、非特等非比较优势业务，做好减法。例如，从事中间品生产或贸易的中小企业要坚决剥离终端产品等比较劣势业务，集聚优质资源，进一步拓展市场，尤其是东盟市场，做专、做优、做强特定细分领域。

乘法：融通发展深化，夯实"补短锻长"本领，增强创新能力。依托技术研发开放、知识产权保护提升和跨境电商"蓝海"赋能等举措，RCEP致力于推动各缔约方中小企业融通创新，赋能加速实现跨越式发展。尤其是要加强中国中小企业与日本、韩国、澳大利亚等发达国家开展技术研发合作，共享先进技术和管理经验，创造更高质量知识产权的技术和产品。通过抢抓技术研发、开放管理咨询等服务，以及提升知识产权保护能力等措施，中小企业充分利用区域科技转化成果，升级技术和产品的知识产权水平，大幅提升附加值，实现"专精特新"跨越式发展。RCEP的确立和实施，打造了跨境电商和数字贸易的"新蓝海"，带动"中国智造"柔性供应链深度融入区域市场，实现倍增效应。

三、政策建议

一是对标 RCEP 条款内容，加速优化营商环境，打造高水平制度型开放示范区。对标信息透明、共享等条款要求，积极研究制定 RCEP 负面清单制度体系，探索推广服务中小企业"投融贸"一体化的负面清单管理方式，尽快与 RCEP 规则接轨。对标 RCEP 条款，打造高水平实施 RCEP 示范区，加快从"营商环境"升级为"宜商环境"，推动地方打造更高水平的制度型开放样板。

二是加大 RCEP 规则宣贯，筑牢风险和底线意识，提升中小企业国际合作竞争力。积极组织开展 RCEP 宣贯工作，帮助中小企业更好地理解、掌握和利用 RCEP 规则，吃透、用足优惠政策，加快融入区域市场。加大中小企业合规培训，引导中小企业增强合规意识，重视风险应对，积极主动适应 RCEP 更开放环境和更充分竞争的新形势，提升中小企业参与国际合作与竞争的能力。

三是加快制定落实措施，加大公共服务投入，营造有助于中小企业发展的良好生态。研究落实 RCEP 政策的具体措施，加大对引入技术研发服务和有效使用的支持力度，引导中小企业进一步加快转型升级和创新发展步伐。加大公共服务投入，探索建立 RCEP 公共服务平台，发布对接 RCEP 政策信息，充分交流促进中小企业国际合作的最佳实践，畅通中小企业反馈渠道，为中小企业提供优质、便利的服务。

政　策　篇

第十一章

2022 年促进中小企业发展的政策环境

"十四五"期间，我国中小企业处于重要的战略机遇期。按照党中央、国务院决策部署，各有关部门积极采取有力措施，制定各项规章政策，大力优化中小企业发展环境，推动中小企业转型升级。与此同时，我国中小企业发展仍面临诸多问题，需持续优化政策支持体系，帮助中小企业高质量发展。例如，中小企业"融资难、融资贵"问题仍然存在，数字化转型问题仍然突出，创新能力和专业化水平不高，抗风险能力不强等。本章从降低税费负担、完善服务机制、优化营商环境等方面，对2022 年度出台的促进中小企业发展的各项政策进行梳理总结。

第一节　税费负担持续降低

一、减税让利持续推进

2022 年 5 月 9 日，国务院促进中小企业发展工作领导小组办公室发布的《加力帮扶中小微企业纾困解难若干措施》指出，各地要积极安排中小微企业和个体工商户纾困专项资金，优化支出结构，加大对受新冠疫情影响暂时出现生产经营困难的中小微企业和个体工商户的支持，结合本地实际向困难企业和个体工商户提供房屋租金、水电费、担保费、防疫支出等补助并给予贷款贴息、社保补贴等。

2022 年 5 月 24 日，《国务院关于印发扎实稳住经济一揽子政策措施的通知》指出，要进一步加大增值税留抵退税政策力度。在抓紧办理小微企业、个体工商户留抵退税并加大帮扶力度，在纳税人自愿申请的基础上，于 2022 年 6 月 30 日前基本完成集中退还存量留抵税额；全年各项留抵退税政策新增退税总额达到约 1.64 万亿元。

二、降费举措深入开展

2022 年 9 月 7 日，《国务院办公厅关于进一步优化营商环境降低市场主体制度性交易成本的意见》指出，要推动降低物流服务收费。强化口岸、货场、专用线等货运领域收费监管，依法规范船公司、船代公司、货代公司等收费行为。明确铁路、公路、水路、航空等运输环节的口岸物流作业时限及流程，加快推动大宗货物和集装箱中长距离运输"公转铁""公转水"等多种方式联运改革，推进运输运载工具和相关单证标准化，在确保安全规范的前提下，推动建立集装箱、托盘等标准化装载器具循环共用体系。2022 年 11 月月底前，开展不少于 100 个多式联运示范工程建设，减少企业重复投入，持续降低综合运价水平。

《加力帮扶中小微企业纾困解难若干措施》提出，2022 年中小微企业宽带和专线平均资费再降 10%。加强制造业中小微企业数字化转型培训，开展中小微企业数字化转型"把脉问诊"。鼓励大型企业"建云建平台"，中小微企业"用云用平台"，各类型企业在云上获取资源和应用服务。鼓励数字化服务商为受新冠疫情影响的中小微企业减免"用云用平台"的费用。通过培育具有较强服务能力的数字化服务平台，加大帮扶力度。

第二节　服务机制不断完善

一、服务能力不断提升

《国务院办公厅关于进一步优化营商环境降低市场主体制度性交易成本的意见》指出，要切实提升办税缴费服务水平。全面推行电子非税收入一般缴款书，推动非税收入全领域电子收缴、"跨省通缴"，便于市场主体缴费办事。实行汇算清缴结算多缴退税和已发现的误收多缴退税业务自动推送提醒、在线办理。推动出口退税全流程无纸化，拓展"非接触式"办税缴费范围，推行跨省异地电子缴税、行邮税电子缴库服务。

2022 年 4 月 29 日，国务院促进中小企业发展工作领导小组办公室发布的《关于开展 2022 年中小企业服务月活动的通知》指出，要创新服务方式。通过委托服务、购买服务、志愿服务等方式，调动各类服务机构的积极性，运用云计算、大数据、5G、人工智能等新一代信息技术和各级各类政策服务 App，创新服务手段，推动服务供给和需求的精准高效匹配。鼓励联合开展服务活动，打造服务品牌，形成服务合力，提升服务质量和水平。

二、服务平台不断优化

2022 年 5 月 16 日，工业和信息化部联合国家发展和改革委员会、科学技术部等部门发布的《十一部门关于开展"携手行动"促进大中小企业融通创新（2022—2025 年）的通知》指出，要搭建专业化融通创新平台。鼓励各地培育大中小企业融通创新平台、基地，促进产业链上下游企业合作对接。引导大中小企业融通型特色载体进一步提升促进融通发展服务能力，为融通创新提供有力支撑。加强大学科技园及各类众创空间建设，促进各类创新要素高效配置和有效集成。同时，要培育国际合作服务平台。搭建中小企业跨境撮合平台，依托大型企业打造中小企业海外服务体系，带动中小企业共同"出海"，提高中小企业跨国经营能力和水平，融入全球产业链供应链。

《国务院办公厅关于进一步优化营商环境降低市场主体制度性交易成本的意见》指出，要进一步完善自贸协定综合服务平台功能，助力企业用好《区域全面经济伙伴关系协定》等规则。拓展"单一窗口"的"通关+物流""外贸+金融"功能，为企业提供通关物流信息查询、出口信用保险办理、跨境结算融资等服务；支持有关地区搭建跨境电商"一站式"服务平台，为企业提供优惠政策申报、物流信息跟踪、争端解决等服务；探索解决跨境电商退（换）货难的问题，优化跨境电商零售进口工作流程，推动便捷快速通关。

三、人才支持不断加强

《十一部门关于开展"携手行动"促进大中小企业融通创新（2022—

2025 年）的通知》指出，要加强人才培养引进；实施专项人才计划，选拔一批创新企业家、先进制造技术人才和先进基础工艺人才；加大海外高层次人才引进力度，支持产业链上下游企业培养、吸引和留住骨干人才；组织实施制造业技能强基工程，健全制造业技能人才培养、评价、使用、激励制度，建设一支数量充足、结构合理、技艺精湛的制造业技能人才队伍。

2022 年 3 月 29 日，工业和信息化部办公厅、教育部办公厅联合印发的《关于开展 2022 年全国中小企业网上百日招聘高校毕业生活动的通知》指出，要通过搭建对接平台、加强活动宣传、推动招聘信息库建设、创新对接方式、开展实习培训及强化审核监督等方式，进一步引导和鼓励高校毕业生到中小企业工作，优化中小企业人才结构。

第三节　营商环境持续优化

一、保障机制持续完善

《加力帮扶中小微企业纾困解难若干措施》指出，开展防范和化解拖欠中小企业账款专项行动，集中化解存量拖欠，实现无分歧欠款应清尽清，确有支付困难的应明确还款计划，对于有分歧欠款要加快协商解决或运用法律手段解决。加大对恶意拖欠中小微企业账款、在合同中设置明显不合理付款条件和付款期限等行为的整治力度。开展涉企违规收费专项整治行动，建立协同治理和联合惩戒机制，规范收费主体的收费行为，加强社会和舆论监督，坚决查处乱收费、乱罚款、乱摊派。

《关于开展 2022 年中小企业服务月活动的通知》提出，要通过部门横向协同、上下纵向联动、示范引领带动，动员各级政府相关部门、各行业协会（商会）和服务平台发挥各自资源优势，开展具有针对性、实效性、创新性的中小企业服务活动，营造有利于中小企业发展的良好环境，促进中小企业平稳、健康发展。

二、交易成本持续降低

《国务院办公厅关于进一步优化营商环境降低市场主体制度性交易

成本的意见》指出，全面实施市场准入负面清单管理。健全市场准入负面清单管理及动态调整机制，抓紧完善与之相适应的审批机制和监管机制，推动清单事项全部实现网上办理。稳步扩大市场准入效能评估范围，2022 年 10 月月底前，各地区、各部门对带有市场准入限制的显性和隐性壁垒开展清理，并建立长效排查机制。深入实施外商投资准入前国民待遇加负面清单管理制度，推动出台全国版跨境服务贸易负面清单。

同时，还提出要全面落实公平竞争审查制度，2022 年 10 月月底前，组织开展制止滥用行政权力排除、限制竞争执法专项行动。细化垄断行为和不正当竞争行为认定标准，加强和改进反垄断与反不正当竞争执法，依法查处恶意补贴、低价倾销、设置不合理交易条件等行为，严厉打击"搭便车""蹭流量"等仿冒混淆行为，严格规范滞压占用经营者保证金、交易款等行为。

第十二章

2022 年我国中小企业重点政策解析

第一节 《加力帮扶中小微企业纾困解难若干措施》

一、出台背景

中小微企业是我国国民经济和社会发展的重要组成部分,是"稳就业"的主力军,是提升产业链韧性和稳定性的重要环节。当前,世界经济陷入低迷期,不稳定、不确定性明显增加,面对较为复杂的内/外部环境,市场主体尤其是中小微企业面临的风险不断加大,生产形势不容乐观,亟须进一步采取有力举措为中小微企业纾困解难,保障其平稳、健康发展。为此,2022 年 5 月 9 日,国务院促进中小企业发展工作领导小组办公室发布了《加力帮扶中小微企业纾困解难若干措施》(以下简称《措施》)。

二、重点内容

《措施》提出,通过安排纾困专项资金、新增普惠型贷款、发挥政府性融资担保机构作用、支持银行为中小微企业提供汇率避险服务、支持期货公司为中小微企业提供汇率避险服务、开展防范和化解拖欠中小企业账款专项行动、做好大宗原材料保供稳价、加强生产要素保障等10 项措施,为中小微企业纾困解难。《措施》重点内容见表 12-1。

表 12-1　《措施》重点内容

序　　号	重　点　内　容
1	各地要积极安排中小微企业和个体工商户纾困专项资金，优化支出结构，加大对受新冠疫情影响暂时出现生产经营困难的中小微企业和个体工商户的支持，结合本地实际向困难企业和个体工商户提供房屋租金、水电费、担保费、防疫支出等补助并给予贷款贴息、社保补贴等
2	2022 年国有大型商业银行力争新增普惠型小微企业贷 1.6 万亿元。对受新冠疫情影响暂时出现生产经营困难但发展前景良好的中小微企业和个体工商户，银行根据自身风险管理能力和借款人实际情况，合理采用续贷、贷款展期、调整还款安排等方式予以支持，避免出现抽贷、断贷；其中，对 2022 年被列为中高风险地区所在地市级行政区域内餐饮、零售、文化、旅游、交通运输、制造业等困难行业，在 2022 年年底前到期的普惠型小微企业贷款，银行如办理贷款展期和调整还款安排，应坚持实质性风险判断，不单独因新冠疫情因素下调贷款风险分类，不影响征信记录，并免收罚息。进一步落实好小微企业不良贷款容忍度和尽职免责要求，支持银行按规定加大不良贷款转让、处置、核销力度。构建全国一体化融资信用服务平台网络，加强涉企信用信息共享应用，扩大中小微企业信用贷款规模
3	发挥政府性融资担保机构作用，扩大对中小微企业和个体工商户的服务覆盖面，对受新冠疫情影响较大行业的中小微企业和个体工商户加大服务力度。进一步落实银担分险机制，扩大国家融资担保基金、省级融资再担保机构对中小微企业和个体工商户的再担保业务覆盖面；对于确无还款能力的中小微企业和个体工商户，依法依约及时履行代偿义务
4	支持银行为中小微企业提供汇率避险服务，支持期货公司为中小微企业提供风险管理服务。进一步扩大政策性出口信用保险覆盖面，针对性降低短期险费率，优化理赔条件，加大对中小微外贸企业的支持力度。鼓励保险机构针对中小微企业的风险特征和保险需求，丰富保险产品供给
5	开展防范和化解拖欠中小企业账款专项行动，集中化解存量拖欠，实现无分歧欠款应清尽清，确有支付困难的应明确还款计划，对于有分歧欠款要加快协商解决或运用法律手段解决。加大对恶意拖欠中小微企业账款、在合同中设置明显不合理付款条件和付款期限等行为的整治力度。开展涉企违规收费专项整治行动，建立协同治理和联合惩戒机制，规范收费主体收费行为，加强社会和舆论监督，坚决查处乱收费、乱罚款、乱摊派

续表

序 号	重 点 内 容
6	做好大宗原材料保供稳价，运用储备等多种手段，加强供需调节，促进价格平稳运行。加强大宗商品现货和期货市场监管，严厉打击串通涨价、哄抬价格等违法违规行为，维护市场价格秩序。鼓励有条件的地方对小微企业和个体工商户用电实行阶段性优惠，对受新冠疫情影响暂时出现生产经营困难的小微企业和个体工商户用水、用电、用气"欠费不停供"，允许在 6 个月内补缴。制定出台减并港口收费项目、定向降低沿海港口引航费等政策措施
7	加强生产要素保障，将处于产业链关键节点的中小微企业纳入重点产业链供应链"白名单"，重点加强对企业人员到厂难、物料运输难等阻碍复工达产突出问题的协调解决力度。深入实施促进大中小企业融通创新"携手行动"，推动大中小企业加强创新合作，发挥龙头企业带动作用和中小微企业配套能力，助力产业链上下游中小微企业协同复工达产。各地方要综合施策保持中小微企业产业链供应链安全稳定，建立中小微企业人员、物流保障协调机制，引导企业在防疫措施落实到位的情况下采取闭环管理、封闭作业等方式稳定生产经营
8	2022 年中小微企业宽带和专线平均资费再降 10%。加强制造业中小微企业数字化转型培训，开展中小微企业数字化转型"把脉问诊"。鼓励大企业"建云建平台"，中小微企业"用云用平台"，各类型企业在云上获取资源和应用服务。鼓励数字化服务商为受新冠疫情影响的中小微企业减免"用云用平台"的费用。通过培育具有较强服务能力的数字化服务平台，加大帮扶力度
9	鼓励开展绿色智能家电、绿色建材下乡活动和农产品产地市场建设，大力支持开展公共领域车辆电动化城市试点示范，努力扩大市场需求
10	深入开展"一起益企"中小企业服务行动和中小企业服务月活动，组织和汇聚各类优质服务资源进企业、进园区、进集群，加强政策服务，了解中小微企业的困难和诉求，帮助中小微企业降本增效。鼓励地方采取"企业管家""企业服务联络员"等举措，深入企业走访摸排，主动靠前服务，实行"一企一策""一厂一案"差异化举措，帮助企业解决问题。发挥各级中小企业公共服务示范平台和小型微型企业创业创新示范基地作用，健全完善"中小企助查"App 等政策服务数字化平台，为企业提供权威政策解读和个性化政策匹配服务，打通政策落地"最后一公里"。开展全国减轻企业负担和促进中小企业发展综合督查，压实责任、打通堵点，推动政策落地生效

三、政策解读

当前，中小企业已经成为我国经济平稳发展的重要支撑，为我国经济社会发展全局作出了重要贡献，助力中小企业更快、更好地发展已成为全社会的普遍共识。《措施》的印发，旨在从减税降费、保价稳供、提升服务、加强保障、奖惩结合等方面，全方位缓解中小企业生产经营压力，助力中小企业健康、平稳发展。

第二节 《十一部门关于开展"携手行动"促进大中小企业融通创新（2022—2025 年）的通知》

一、出台背景

大中小企业融通创新是释放大型企业创新活力，激发中小企业创新潜力的有效途径，是提升我国产业链供应链韧性和稳定性的重要举措，也是构建我国现代化产业体系的重要组织形式。为贯彻落实《"十四五"促进中小企业发展规划》，推动大型企业充分发挥引领带动作用，促进基于产业链的大中小企业融通创新，工业和信息化部等联合印发了《十一部门关于开展"携手行动"促进大中小企业融通创新（2022—2025年）的通知》（以下简称《携手行动》）。

二、重点内容

《携手行动》提出打造大中小企业创新链、巩固大中小企业产业链、延伸大中小企业供应链、打通大中小企业数据链、优化大中小企业资金链、拓展大中小企业服务链、提升大中小企业人才链 7 项重点任务，以及强化组织领导、强化政策支持、强化宣传引导 3 项工作要求。《携手行动》重点内容详见表 12-2。

表 12-2 《携手行动》重点内容

总 体 要 求	主 要 内 容
指导思想	以习近平新时代中国特色社会主义思想为指导，按照党中央、国务院决策部署，立足新发展阶段，完整、准确、全面贯彻新发展理念，构建新发展格局，通过部门联动、上下推动、市场带动，促进大中小企业创新链、产业链供应链、数据链、资金链、服务链、人才链全面融通，着力构建大中小企业相互依存、相互促进的企业发展生态，增强产业链供应链韧性和竞争力，提升产业链现代化水平
行动目标	到 2025 年，引导大型企业通过生态构建、基地培育、内部孵化、赋能带动、数据联通等方式打造一批大中小企业融通典型模式；激发涌现一批协同配套能力突出的"专精特新"中小企业；通过政策引领、机制建设、平台打造，推动形成协同、高效、融合、顺畅的大中小企业融通创新生态，有力支撑产业链供应链"补链固链强链"
重 点 任 务	**主 要 内 容**
以创新为引领，打造大中小企业创新链	推动协同创新。推动大型企业、中小企业联合科研院所、高校等组建一批大中小企业融通、产学研用协同的创新联合体，鼓励承接科技重大项目，加强共性技术研发。推动各地依托大型企业技术专家、高校院所教授学者等建立融通创新技术专家咨询委员会，面向中小企业开展技术咨询、指导等活动。在"创客中国"中小企业创新创业大赛设立赛道赛，通过大型企业"发榜"、中小企业"揭榜"，促进大中小企业加强创新合作
	推动创新资源共享。引导大型企业向中小企业开放品牌、设计研发能力、仪器设备、试验场地等各类创新资源要素，共享产能资源，加强对中小企业创新的支持
	推动创新成果转化。推动各类科技成果转化项目库、数据库向中小企业免费开放，完善科研成果供需双向对接机制，促进政府支持的科技项目研发成果向中小企业转移转化。在科技计划设立中充分听取中小企业意见，并支持中小企业承担项目。鼓励大型企业先试、首用中小企业创新产品，促进中小企业配套产品在首台（套）重大技术装备示范应用

续表

重 点 任 务	主 要 内 容
以创新为引领，打造大中小企业创新链	推动标准和专利布局。推动大型企业联合中小企业制定完善国家标准、行业标准，积极参与国际标准化活动，协同全球产业链上下游企业共同树立国际标准。引导大型企业与中小企业加强知识产权领域合作，共同完善产业链专利布局
	推动绿色创新升级。推动大型企业通过优化采购标准、加强节能减排技术支持等措施，引导推动产业链上下游中小企业深化低碳发展理念、提升资源利用效率，提升产业链整体绿色发展水平
以提升韧性和竞争力为重点，巩固大中小企业产业链	协同突破产业链"断点堵点卡点"问题。梳理产业链薄弱环节和大型企业配套需求，组织"专精特新"中小企业开展技术攻关和样机研发，引导中小企业精准补链。优先支持大中小企业联合申报重点产品、工艺"一条龙"应用示范等产业基础再造工程项目。营造更好环境，支持创新型、科技型中小企业研发
	发挥大型企业龙头带动作用。推动大型企业建设小型微型企业创业创新基地、高质量现代产业链园区，帮助配套中小企业改进提升工艺流程、质量管理、产品可靠性等水平，通过股权投资、资源共享、渠道共用等带动中小企业深度融入产业链。鼓励大型企业培育内部创业团队，围绕产业链创办更多中小企业
	提升中小企业配套支撑能力。梳理专精特新"小巨人"企业产业链图谱，按产业链组织与大型企业对接，助力中小企业融入大型企业产业链。同等条件下，将为关键产业链重点龙头企业提供核心产品或服务的中小企业优先认定为专精特新"小巨人"企业，通过中央和地方财政加大对"专精特新"中小企业的支持力度
	打造融通发展区域生态。发布产业转移指导目录，构建完善优势互补、分工合理的现代化产业发展格局，推动产业链供应链快速响应、高效协同，优化提升资源配置效率。培育先进制造业集群、中小企业特色产业集群，围绕经济带（圈）、城市群打造跨区域一体化产业链协同生态

续表

重 点 任 务	主 要 内 容
以市场为导向，延伸大中小企业供应链	加强供应链供需对接。开展大型企业携手"专精特新"中小企业对接活动，推动各地举办大中小企业"百场万企"洽谈会，推动工业电商共同举办工业品在线交易活动，引导大型企业面向中小企业发布采购需求，促进中小企业与大型企业深化拓展供应链合作关系。充分发挥行业协会、商会、平台企业、企业信息查询机构作用，通过市场化机制促进大中小企业加强产品、技术供需对接，逐步建立跨产业、跨行业的供需对接机制和合作平台
	完善供应链合作机制。引导平台企业完善供应链上下游企业利益共享机制，营造"大河有水小河满，小河有水大河满"的生动发展局面。引导征信机构等社会化服务机构探索为大型企业提供中小企业信用评价和风险管理服务，激发大型企业合作积极性。引导大型企业联合中小企业建立完善供应链预警机制，共同提升供应链稳定性和竞争力
以数字化为驱动，打通大中小企业数据链	发挥大型企业数字化牵引作用。鼓励大型企业打造符合中小企业特点的数字化服务平台，推动开发一批小型化、快速化、轻量化、精准化的"小快轻准"低成本产业链供应链协同解决方案和场景，推介一批适合中小企业的优质工业 App。开展智能制造试点示范行动，遴选一批智能制造示范工厂和典型场景，促进提升产业链整体智能化水平。鼓励大型企业带动中小企业协同开展技术改造升级，提升中小企业技术改造能力
	提升中小企业数字化水平。深入实施中小企业数字化赋能专项行动，开展智能制造进园区活动，发布中小企业数字化转型水平评价标准及评价模型、中小企业数字化转型指南，引导中小企业深化转型理念、明确转型路径、提升转型能力、加速数字化网络化智能化转型进程
	增强工业互联网支撑作用。深入实施工业互联网创新发展行动计划，培育一批双跨工业互联网平台，推动垂直行业工业互联网平台拓展深化服务大中小企业融通的功能作用，推动各类生产要素的泛在连接、柔性供给和优化配置，加强对产业链大中小企业的数字化分析和智能化监测，促进产业链制造能力的集成整合和在线共享

重 点 任 务	主 要 内 容
以金融为纽带,优化大中小企业资金链	创新产业链供应链金融服务方式。完善产业链供应链金融服务机制,鼓励金融机构结合重点产业链供应链特点开发信贷、保险等金融产品,加强供应链应收账款、订单、仓单和存货融资服务
	推动直接融资全链条支持。引导各类产业投资基金加大对产业链供应链上下游企业的组合式联动投资,强化对产业链整体的融资支持力度,并发挥资源集聚优势,为中小企业提供各类增值服务
	引导大型企业加强供应链金融支持。推动大型企业支持配合上下游中小企业开展供应链融资,助力缓解中小企业"融资难、融资贵"问题。引导大型企业加强合规管理,不得滥用市场优势地位设立不合理的付款条件、时限,规范中小企业账款支付
以平台载体为支撑,拓展大中小企业服务链	搭建专业化的融通创新平台。鼓励各地培育大中小企业融通创新平台、基地,促进产业链上下游企业合作对接。引导大中小企业融通型特色载体进一步提升促进融通发展服务能力,为融通创新提供有力支持。加强大学科技园及各类众创空间建设,促进各类创新要素高效配置和有效集成
	推动各类平台强化融通创新服务。引导国家制造业创新中心、产业创新中心、技术创新中心将促进融通创新纳入工作目标,引导中小企业公共服务示范平台、制造业双创平台设立促进融通发展的服务产品或项目,加强对融通创新的服务支持
	培育国际合作服务平台。搭建中小企业跨境撮合平台,依托大型企业打造中小企业海外服务体系,带动中小企业共同"出海",提高跨国经营能力和水平,融入全球产业链供应链
以队伍建设为抓手,提升大中小企业人才链	加强人才培养引进。实施专项人才计划,选拔一批创新企业家、先进制造技术人才和先进基础工艺人才。加大海外高层次人才引进力度,支持产业链上下游企业培养、吸引和留住骨干人才。组织实施制造业技能强基工程,健全制造业技能人才培养、评价、使用、激励制度,建设一支数量充足、结构合理、技艺精湛的制造业技能人才队伍

续表

重 点 任 务	主 要 内 容
以队伍建设为抓手，提升大中小企业人才链	推动人才共享共用。推动大型企业自建或联合社会力量建立人才学院、网络学习平台、公共实训基地等，打造专业化、开放共享的培训平台，加强对产业链中小企业人才培养。鼓励大企业设立高技能人才培训基地和技能大师工作室，培养造就高技能领军人才，引领带动高技能人才队伍建设和发展。探索建立大型企业、科研院所技术型专家人才到中小企业兼职指导和定期派驻机制
	提升人才队伍融通创新能力。引导大型企业开展人才交流、培训活动，加强大中小企业人才理念、技术、管理等方面交流。开设中小企业经营管理领军人才培训促进大中小企业融通创新主题班，帮助经营管理人员拓宽融通发展视野、深化融通发展思维、提升融通对接能力。实施数字技术工程师培育项目，加快数字技术领域人才培养，推动数字经济和实体经济融合发展。谋划建设一批卓越工程师培养实践基地，面向融通创新需求打造卓越工程师培养模式

工 作 要 求	主 要 内 容
强化组织领导	各地区相关部门要健全大中小企业融通创新工作机制，制定完善本地区贯彻落实工作方案，绘制产业链图谱，建立重点企业库、补链固链强链项目库及需求清单，完善专家咨询机制，强化部、省、市、县联动，细化分解工作任务，加强协调调度，确保各项工作落地落实
强化政策支持	各级财政可根据发展需要，通过现有渠道对大中小企业融通创新给予积极支持。推动国有企业制定向中小企业开放创新资源的激励措施，对推动大中小企业融通创新成效明显的相关团队予以工资总额支持，对取得重大成果的国有企业在年度考核中给予加分奖励，在任期考核中给予激励。鼓励地方探索实施大中小企业融通创新项目
强化宣传引导	总结促进大中小企业融通创新的经验做法，择优宣传推介典型经验模式，提升促进融通创新工作水平。创新宣传方式方法，进一步推动深化融通创新理念，凝聚社会共识，营造合力促进大中小企业融通创新、产业链供应链补链固链强链的良好氛围

三、政策解读

　　在大中小企业融通创新中，创新是灵魂，产业链和供应链是基础，数据和资金是重要因素，服务和人才是关键保障。因此，《携手行动》以创新链、产业链供应链、数据链、资金链、服务链、人才链为重点和着力点，推动大中小企业融通创新。《携手行动》旨在通过推动地方政府和市场主体进一步深刻领会大中小企业融通发展的重要意义，从而推动构建大中小企业相互依存、相互促进的产业发展生态，进而增强产业链供应链韧性，提升产业链供应链附加值。

热　点　篇

第十三章

美国《中小企业战略》对中国的影响

2023 年 1 月 26 日，美国国防部（DOD）网站发布了最新版《中小企业战略》，介绍了《中小企业战略》出台的背景和意义，较为详细地阐述了美国国防工业基础，更好地运用中小企业的能力来助力解决美国国防部乃至整个国家所面临的最具挑战性的一系列目标。首版《中小企业战略》于 2020 年 1 月发布，初步提出要在建立统一管理框架、落实国家战略要求、强化服务中小企业的能力三个方面重塑中小企业。其后为了完善这一战略，五角大楼先后推出了《国防工业基础内部竞争状况》《小型企业创新研究计划/SBIR 22.2 广泛机构公告》等报告和文件。而新冠疫情期间受五大角大楼资助、迅速突起的莫德纳公司则提供了成功的实践案例。因此 2023 版（最新版）的《中小企业战略》经过三年的理论与实践，目标更加明确，更具有实践价值。该战略出台的根本目的是让美国在其执意挑起的大国竞争中保持绝对优势，因此很值得我们关注。

第一节　《中小企业战略》的出台背景

一、美国在国家安全与经济领域面临着前所未有的挑战

美国认为，近年来，其国家安全与经济领域面临巨大挑战，主要表现在以下几个方面：战略竞争对手正试图取代美国军队成为全球最强大的军事力量；新冠疫情大流行和气候变化的影响，暴露出关键供应链的脆弱性；国防市场合并的过程中，滋生了垄断，阻碍了技术、服务与产

品所需的市场竞争与创新。

二、中小企业在美国国防工业中具有重要地位

中小企业在美国经济和生活方式中占据着核心位置。在所有雇佣公司中，中小企业占比超过 99%，贡献了全美 43% 的高科技岗位，其拥有的专利数量是大型公司的 16 倍。中小企业被认为是美国国防工业基础领域的核心增长引擎，在 2021 年，中小企业在与美国国防部有业务往来的公司中占比达 73%，在与美国国防部有业务往来的研发公司中占比为 77%。大量中小企业的参与使美国的军事力量在核心部件、尖端技术及顶尖服务方面始终维持在战备状态，并在危机时期强化国防供应链。新版《中小企业战略》显示，小企业在美国国防部供应商中的占比达 70%，在武器装备研制生产供应链、现有装备维修改装等方面发挥着关键衔接作用。以直升机改换装为例，小企业在 HH-60G "铺路鹰" 的合同额超过了洛克希德·马丁和雷声等传统大型国防承包商合同额的总和，在 AH-64 "阿帕奇" 武装直升机通信系统方面，小企业获得合同额占比高达 90%。特别是部分小企业是某些装备系统供应链中的唯一供应商，在美国国防供应链运作中发挥了无法替代的作用。然而 2011—2020 年，参与美国国防工业的小企业数量逐年减少，十年来累计下降 40%。如果继续放任小企业流失，美军某些装备供应链有可能因唯一供应商退出而中断，更多军工产品供应链则会因供应商数量缩减导致其脆弱性增加。

三、中小企业进入国防领域还有许多障碍

特朗普在其任职期间积极支持军工企业并购，2017—2019 年，诺斯洛普·格鲁曼、通用动力、雷声、联合技术等企业的重大收购、合并事件多次发生。同时大型企业不断整合，美国军工市场垄断不断加剧。例如，下一代洲际导弹 "陆基战略威慑（GBSD）" 项目曾一直由诺斯洛普·格鲁曼和波音两家公司竞争研发，2017 年诺斯洛普·格鲁曼因收购轨道 ATK 公司获得低成本控制系统领域的竞争优势，此后，波音公司再无力与之抗衡而退出了该项目。寡头垄断削弱了企业间的竞争压力，

降低了企业将资金投入到技术研发的意愿，阻碍了技术创新。与大型公司相比，中小企业进入国防领域还有不少障碍，包括进入国防市场的困惑点、合同间不合理的绑定与合并、对复杂条例的理解等。这些障碍使美国国防部与中小企业之间的关系变得更加紧张，导致中小企业在该领域的数量减少，从而影响了创新和服务，并增加了国防采购的成本。

四、关键领域对外依赖增强，威胁美国防工业安全

随着越来越多企业为控制成本选择"离岸外包"模式，美国制造业"空心化"趋势日益加剧，国防工业对外国依赖性逐渐增强。据美国戈维尼（Govini）公司于2020年8月公布的数据显示，2010—2019年，美国国防部外国供应商数量呈逐年增长态势，2019年，国防部的2～5级供应商中外国公司平均占比已达70%。特别是在化工产品、电子元器件、特种化学品等领域，外国供应商占比分别高达85%、84%、83%，其中，中国企业占比为17%～20%。美国国防部多次表达了对这一现状的担忧，早在2018年，美国国防部在《评估和加强美国制造业和国防工业基础及供应链弹性》中就提出，"对中国稀土、太阳能电池等产品的依赖给美国国防工业造成掣肘之患"，新版《中小企业战略》中也表示，要"尽快减少国家安全产业基础的对外依赖"。

第二节 实施《中小企业战略》的主要意义

《中小企业战略》的实施对美国具有十分重要的战略意义，"这些战略的实施将使国防工业基础更具广泛性、创新性、韧性和有效性，打造出一支装备更加精良的联合部队执行国家使命。"

一、增强国防工业基础，维护国家安全

通过中小企业战略的实施，美国经济与军事融合发展，可以大大增强国防工业基础。同时，还可以充分利用多元化的中小企业来强化美国国内的供应链，降低对单一或某个供应源的依赖。"在战略竞争的时代，中小企业是我们最重要的工具之一。"中小企业在国防任务中承担了不可或缺的合作伙伴的角色，保护美国国家安全。

二、确保美军技术领先优势，降低军事采购成本

简化美国国防部的业务流程，以降低中小企业与美国国防部合作的难度，使小型业务活动与维持同扩展美国国防部的多样化与现代化能力保持一致，并降低中小企业的业务门槛，逆转中小企业供应商的下降趋势。美国国防部可以充分利用中小企业的潜力，使其成为美国国防部维持技术优势的关键，让美国国防部始终处于创新前沿；同时还可以促进竞争，从而降低高质量军事能力的采购成本。

第三节 《中小企业战略》的目标及主要措施

一、美国《中小企业战略》设定三大目标，强化美国国防部与中小企业的联系

（一）战略目标一：实施中小企业统一管理方案

美国国防部涉及很多中小企业项目和相关工作，但官方信息发布、政企沟通渠道均未畅通，美国国防部内部各部门之间联系不够，并且存在职能重叠问题。为此，美国《中小企业战略》针对实施中小企业统一管理方案提出 3 个方面的具体目标。

1. 整合中小企业管理部门

美国国防部部长办公室内的小企业计划由美国国防部负责采办和保障的副部长、负责研究和工程的副部长办公室内的不同计划办公室分开执行，这些办公室源自前美国国防部负责采办技术和物流的副部长办公室的组织部门。这些部门也反映在美国国防部的一些部门中。美国国防部小企业发展计划由不同的副部长共同负责。美国国防部将设立一个小企业整合小组，由美国国防部小企业方案办公室主任担任主席。小企业整合小组包括来自美国国防部负责采购和保养的副部长办公室（OUSD A&S）、美国国防部负责研究和工程的副部长办公室（OUSD R&E）、美国国防部组件小企业项目办公室主任的代表。

2. 提升中小企业工作人员专业素质

美国《中小企业战略》提出，强化中小企业工作人员培训，旨在提

高其工作能力，帮助中小企业更好地进入国防市场采购环节。美国国防部在内部培训了中小企业专业人员，以提高中小企业的贡献力、能力和业务相关知识。这些中小企业专业人员在需求生成、招标准备、采购战略和计划，以及其他所需文件方面协助采购团队，以确保适当优先考虑中小企业，包括非传统的中小企业和有资格获得采购偏好的中小企业。中小企业专业人员对中小企业、大型企业、非营利组织和学术机构进行外联，以促进政府利益相关者和中小企业社区之间牢固的关系。中小企业专业人员执行和支持中小企业相关计划，如美国国防部"导师—保护计划""SBIR[①]/STTR[②]计划"，并就小企业偏好、优先事项和美国国防部其他小企业计划的活动提供建议。中小企业专业人员必须继续酌情参与采购战略的制定和同行审查。这种参与有助于确定未来从小企业创新研究、小企业技术转让、快速创新基金等方案采购的商业化机会，并提高他们在合并收购中创建小企业活动的认识。

3. 降低国防事业准入门槛并加强中小企业与决策者的沟通

当前，美国国防部存在采购窗口混乱、联系人不明晰、准入门槛较高等问题。如今，小企业分散在美国国防部各个部门的国防市场归口。美国国防部小企业办公室还接收非邀约投标书和能力说明，并将其转交给适当的合同负责人和采购项目经理。

（二）战略目标二：引导小企业参与国防事业

为巩固国防实力，美国国防部需要雄厚且潜力巨大的工业基础作为支撑，其中，中小企业发挥着举足轻重的作用，为此美国在《小企业战略》中提出 3 个具体目标。

1. 加强小企业创新对国防工业的支持

美国国防部某些项目和工作具有不确定性和不可持续性，并且需适时地将研发成果投入生产，因此，小企业作为科技创新主体发挥了举足轻重的作用。美国国防部小企业计划和相关努力面临的最大挑战之一是

---

① SBIR：小企业创新研究。
② STTR：小企业技术转让。

长期规划。不稳定性使工业界难以进行必要的投资以支持国防优先事项。从而使得美国国防部很难进行长期规划，以吸引新的进入者，并为寻求进入国防市场的小企业提供明确的签约机会。第一，"导师—保护计划"最初是在 1991 财年获得授权，并在 2020 财年获得 7 年的重新授权；然而，"导师—保护计划"拨款的可用性不一致使得该计划难以扩大。第二，"SBIR/STTR 计划"自创建以来已多次获得授权，最近一次是在 2022 年 9 月。然而，这些重新授权通常发生在当前授权的最后一年，有时间限制；最近的重新授权将于 2025 年失效。第三，"快速创新基金计划"于 2011 年创建，并于 2016 年永久化。然而，自 2019 财政年度以来，"快速创新基金计划"一直没有拨款。

2. 利用数据分析强化工业基础

美国工业基础正面临利润率较低、离岸外包率增加、个别工业部门投资不足等问题，为此，美国国防部计划部署了一套强有力的工具，美国国防部官员可以利用这些工具提高小企业市场研究的效率，跟踪小企业的业绩，并使用来自美国国防部和联邦政府的数据进行比较分析。通过市场情报数据识别有能力的小企业供应商是增加小企业竞争、了解供应链、定位小企业制造商和增加国防工业基地小企业数量的关键。美国国防部已确定其现代化优先领域包括人工智能、网络安全以及可再生能源生产和储存，并确定了优先工业基础部门，如铸件和锻件、战略和关键材料以及能源储存和电池。市场情报工具可以帮助确定联邦政府市场中这些部门的小企业供应商，这些供应商可以支持美国国防部在这些领域的需求，并帮助美国国防部扩大对这些先进和新兴行业关键参与者的市场知识。该目标将帮助美国政府通过数据分析确定小企业支持国防事业的领域，以便于更好地引导小企业参与国防事业。

3. 提高政府工作人员在小企业国防事务上的参与度

目前，相关工作人员在小企业国防事业领域参与度有限。在可行的情况下简化采购流程并确保采购政策得到一致执行，对于增加与美国国防部合作的小企业数量至关重要。在采购的早期阶段聘用小企业专业人员，使美国国防部能够确保将小企业能力和技术纳入购置计划。为确保购置计划持续取得成功，美国国防部将定期审查资源短缺情况，并在必要时采取适当行动，以匹配适当的劳动力资源。购置计划旨在提高政府工作人员参与相关工作的深度和广度，从而使美国国防部购置计划能制定更加公允的政府采购价格，达到吸引更多小企业参与国防事业、增进政企合作的目的。

（三）战略目标三：提升小企业参与国防事业能力

1. 优化与小企业的沟通路径

美国国防部必须加强与小企业的联系和沟通，并以易于理解和把握的方式明确描述小企业签约机会。美国国防部与采购技术援助中心签订合作协议，作为小企业获得与美国国防部、州和地方政府签约和分包机会有关的信息和培训的资源。采购技术援助中心直接与私营部门、大学、非营利机构合作，开展必要的外联活动，与小企业界和国防工业界建立长期合作关系。采购技术援助中心一直是包括"SBIR/STTR 计划"在内的许多项目的重要来源，并继续受到小企业界的极大关注。为了进一步发挥其作用，美国国防部将明确采购技术援助中心的作用、责任和资源，并将为采购技术援助中心提供工具，使他们能够更好地了解美国国防部的要求，并就其采购技术援助活动提供反馈，这将支持美国国防部的市场研究。目前，美国国防部与相关企业缺乏足够的沟通，优化与小企业的沟通路径有利于提高美国国防部领导层对小企业参与国防事业的认可度，同时有助于小企业理解并参与最新的国防项目。

2. 提升小企业网络安全意识和防护能力

小企业缺乏对网络安全风险的认识，提升小企业网络安全意识和防护能力旨在提高美国小企业网络安全防护水平及制造业供应链韧性。小企业数量占基础工业企业数量的 70%以上，使其供应链的网络风险成为一个重要关切点。支持小企业工业基地的网络复原力是使这些公司能够解决整个部门工业基地差距的关键。为了应对这种不断给美国带来的风险，美国国防部致力于确保整个国防工业基地的网络安全。通过促进和协助小企业的网络复原力，美国国防部可以在使这些公司在解决网络安全差距方面发挥关键作用。鉴于这些挑战，美国新闻署启动了频谱项目。频谱项目基于全面的平台，为公司、机构和组织提供网络安全信息、资源、工具和培训。美国国防部计划向小企业提供指导，以便对其网络安全情况进行自愿、自我评估，并酌情提供工具、技术和可用于帮助小企业提高网络复原力的培训。

3．增强小企业抵御外资风险的能力

美国政府认为，越来越多的竞争对手利用资本来控制美国小企业和供应链。美国国防部通过小企业培训来应对这些威胁。小企业培训可以帮助小企业对相关威胁及应对措施有一个基本的了解。

二、美国《中小企业战略》通过三大举措确保实现既定目标

1．强化中小企业统筹工作

一是成立中小企业领导小组。美国《中小企业战略》提出，有必要在美国国防部的组织架构中设立单独的中小企业领导小组。二是开展专业人才培训。美国《中小企业战略》提出，开展面向美国国防部所有中小企业专业人员培训，内容包括美国国防部中小企业相关计划，以及促进中小企业发展的最优方案、市场调研、采购政策、建立弹性供应链等。三是建立中小企业服务平台。美国《中小企业战略》提出，希望通过建立全国统一的中小企业门户网站，使中小企业能更加高效、便捷地了解美国国防市场的相关信息。

2．拓宽中小企业进入国防市场渠道

一是提高科技型和制造业中小企业的军事创新能力。美国《中小企业战略》提出，将制定发展计划，带动中小企业参与军事项目的研究、开发、测试和评估过程。美国国防部中小企业项目办公室将通过制造技术项目（ManTech）、国家安全创新资本（NSIC）、工业基础分析和维护（IBAS）等项目计划，了解中小企业参与度与存在的问题，通过提供相关支持，帮助中小企业更好地参与这些计划。美国《中小企业战略》还特别强调，为女性拥有的中小企业、残疾退伍军人开办的中小企业增加进入国防市场的机会。二是提高美国国防部中小企业管理部门参与政策制定的能力。美国《中小企业战略》指出，要确保中小企业办公室主任能够接触到美国国防部领导层，并将其纳入工业基础委员会委员，通过制定相关政策，增强中小企业与美国国防部基础工业活动的联系。

3．加大对中小企业的扶持力度

一是充分发挥相关机构服务中小企业的功能。美国《中小企业战略》指出，要充分发挥采购技术援助中心作用，更好地了解美国国防部需求，

同时为中小企业提供援助服务。二是为中小企业提供培训服务。美国希望推动美国国防部知识产权专家小组与美国国防军需大学深入合作，联合为中小企业提供知识产权相关培训。美国《中小企业战略》提出，将为中小企业提供网络安全培训服务，并有针对性地给予技术指导，支持中小企业进行网络安全自评估。三是帮助中小企业抵御外资控股风险。一方面，美国希望加强对外资所有权、控制权、影响力等方面的宣传教育，引导中小企业充分认识外资风险。另一方面，美国《中小企业战略》提出，将成立工作小组，探讨如何协助中小企业减轻外资的所有权、控制权问题。

第四节　启示与建议

中小企业是创新的主力军，也是国防科技工业重要的支撑力量，在提升产业链供应链稳定性、推动经济社会发展中发挥着重要作用。美国国防部通过《中小企业战略》等加大对中小企业的创新支持力度，为我们提供了一些可借鉴的经验。

一、向中小企业适度扩大国防市场

一是加大军工机构面向中小企业的采购份额。由工业和信息化部牵头，联合国防、财政等机构，展开"进一步加大从中小企业采购军需份额"课题研究，通过市场调研、模型计算等方式，科学论证其可行性，并确定最优采购份额。二是降低中小企业进入国防市场的门槛。严格遵循"宽进严管"原则，进一步简化军品市场准入许可证制度，简化办理流程、缩短下证周期，让更多的优质中小企业能够进入国防市场。三是加强中小企业与军工企业配套协作。以军工企业为引领，加强军工企业与中小企业在技术研发、人才交流等方面的沟通协作，推动中小企业与军工企业融通发展。

二、加大"专精特新"中小企业参与军工业务的扶持力度

一是创新信贷产品。根据"专精特新"中小企业的经营规模、成立

时间等特征，鼓励引导银行、保险等金融机构推出"专精特新军工贷""专精特新爱国保"等金融产品，缓解中小企业资金难题。二是加大财税支持力度。对于军工类"专精特新"中小企业，加大固定资产投资税前减免力度，对新购置的固定资产，给予一次性税前扣除等优惠，降低中小企业的投资成本。三是着力培养中小企业军工业务人才。推动地方政府、"专精特新"中小企业、高校三方联合建立军工业务人才实训基地，将课程学习与工作实践相结合，大力培养具备军工和"专精特新"领域相关知识或工作背景的高素质人才队伍，更好地推动中小企业与国防事业融合发展。

三、充分发挥国防领域对中小企业创新的支持作用

在中国国防领域高度重视吸纳中小企业参与，不断扩大面向中小企业的国防采购份额，降低中小企业进入国防市场的准入门槛。加大国防领域大中小企业融通力度，支持优质中小企业与军工集团配套协作、协同创新。强化对国防领域中小企业的安全风险培训，提升其安全意识和防护能力。

第十四章

日本防止大企业拖欠中小企业账款的典型经验

日本防止大企业拖欠中小企业账款主要是通过制定和实施《防止分包付款延迟法》(以下简称《分包法》)来实现的。据日本公平交易委员会的报告,即使在新冠疫情期间,日本中小企业发生账款拖欠的概率也低于 0.2%且稳中有降。日本通过《分包法》的制定与不断完善确立了市场交易规则,通过日本公平交易委员会的有效执法纠正了分包大企业的不当行为,日本中小企业厅主导的公共服务有效支撑了产业链企业的价格转嫁和价值创造等方面的工作,在防止大企业拖欠中小企业账款方面收效显著,值得中国借鉴学习。

第一节 中国大企业拖欠中小企业账款的问题及原因分析

2018 年年底以来,中国政府通过防范化解拖欠中小企业账款专项行动,累计帮助中小企业清理拖欠账款超过 9000 亿元。此次专项行动主要解决的是政府、事业单位和国有大型企业对中小企业的无争议账款拖欠问题,大量与政府预算无关的、市场化的大型企业拖欠中小企业账款的问题仍然严重。根据国家统计局的数据,2020 年中国大型企业、中型企业和小型企业的应付账款与应收账款分别为 79653.7 亿元与 60103.3 亿元、37440.5 亿元与 38406.4 亿元、43662.7 亿元与 68986.6 亿元,大型企业对中型企业,特别是小型企业的应收账款规模巨大,小型企业承受了巨大的资金压力和权益损失。根据广东省中小企业发展促进会 2022 年年初的问卷调查，中小企业的账款拖欠主要表现在两个方面。一是应收账款账期过长，仅有 11.9% 的企业平均账期在 30 天以下，65.3% 的企业平均账期超过 60 天，甚至有 9.3% 的企业平均账期超过半年；二是账期截止后仍普遍存在拖欠现象，尽管账期已经过长，但仍有 71.2% 的受访企业表示在过去一年中遭遇了款项拖欠问题。

产生中小企业的账款拖欠现象的直接原因是大型企业利用市场优势地位获取不当利益，从国家统计局统计的大型、中型和小型工业企业应收账款与应付账款来看，大型企业应收账款明显少于应付账款，中型企业应收账款略多于应付账款，而小型企业应收账款明显多于应付账款而且近年差额还在不断扩大。这说明，企业规模越大，市场优势越明显，通过应收账款对小型企业的供应链融资越多，账款拖欠规模也越大。其更深层次的原因是我国尚未形成法治化的规范大型企业与中小企业交易行为的长效机制，目前《中小企业促进法》《保障中小企业款项支付条例》（以下简称《条例》）主要是通过行政手段约束与财政预算相关的政府机关、事业单位和国有大型企业对中小企业的账款拖欠，对市场化的大型企业与中小企业之间的交易行为的指导性和约束性均严重不足。

第二节　日本《分包法》解决账款拖欠的主要做法

当前，世界主要市场经济体均有治理大型企业账款拖欠的法律体系，如欧盟的《关于打击商业交易中延迟支付第 2011/7/EU 号指令》、德国的《加速到期支付法》、英国的《1998 年延迟支付商业债务（利息）法案》、韩国的《转包合同公平交易法》和日本的《分包法》。

日本《分包法》在立法、执法和配套措施等方面对大型企业的账款拖欠实施了系统、周密而长效的管辖，对中国具有较强的借鉴意义。分包制是日本产业链纵向整合的典型模式，分包大型企业与承包中小企业之间往往相互持股、合作稳定。但 20 世纪 50 年代，由于越来越激烈的市场竞争，大型企业普遍出现了对中小企业的账款拖欠问题。为此，日本于 1956 年颁布并实施《分包法》，将其作为《反垄断法》的补充。日本之所以在 1947 年颁布和实施《反垄断法》后还推出《分包法》，是因为《反垄断法》对分包交易和账款拖欠问题的适用性不强，大型企业的垄断是严重的经济违法行为，其打击手段往往比较严厉；分包交易违法的危害程度不如垄断，分包交易在市场经济中的重要地位也要求政府需要从规范市场交易行为出发，促进产业链的共存共荣。中国的市场体制虽与日本存在显著差异，不过大型企业对中小企业的委托交易是普遍的，且规范大型企业对中小企业的委托交易行为都是市场治理的重点、难点和关键点，其示范效应也较为显著。如果解决了大型企业对中小企业交易的规范问题，那么，整个市场体系的规范问题也就迎刃而解。

日本《分包法》主要通过完善的法律体系、公平交易委员会的有效执法、日本中小企业厅主导的公共服务及《建立伙伴关系宣言》的规定来防止大型企业拖欠中小企业账款。

一、《分包法》界定了大型企业的四大义务、11 种不当行为，不断完善执行细则和相关解释，为规范分包交易提供了坚实的法律依据

《分包法》明确界定了大型企业在分包交易中的四大义务、11 种不当行为，日本公平交易委员会还根据执法实践制定了 12 种执行细则。例如，大型企业必须保存与中小企业签订的纸质或电子合同两年及以上；大型企业应尽可能以现款支付分包费，不得强迫分包中小企业接受商业票据；支付期限为成果物交付后 60 天以内，延迟支付按年化利率14.6%计算利息等。日本公平交易委员会和日本中小企业厅还根据实际情况不断完善相关解释。例如，2019 年要求大型企业在通过电子订单开展分包交易时须获得分包中小企业的同意，且不得转嫁与电子系统开发相关的成本；2020 年 7 月要求大型企业须遵守分包付款方式的票据通则，票据贴现期为 60 天内。2021 年 12 月，日本公平交易委员会和日本中小企业厅制定了通过价格转嫁促进价值创造的便利措施，努力推进分包交易的价格转嫁，包括消费税的合理转嫁。日本《分包法》的主要内容及细则见表 14-1。

表 14-1　日本《分包法》的主要内容及细则

项　　目		主　要　内　容
《分包法》内容	2 种适用情形	（1）制造和修理委托情形：注册资金 3 亿日元（约合人民币 1465 万元）以上的分包企业对注册资金 3 亿日元以下的承包企业的委托交易；注册资金 1 千万日元（约合人民币 49 万元）～3 亿日元的分包企业对注册资金 1 千万以下的承包企业的委托交易。（2）信息产品制作和劳务提供情形：注册资金 5 千万日元（约合人民币 244 万元）以上的分包企业对注册资金 5 千万日元以下的承包企业的委托交易；注册资金 1 千万～5 千万日元的分包企业对注册资金 1 千万以下的承包企业的委托交易
	大型企业的 4 种义务	订立合同，保存合同，按时支付费用，延迟付款时支付利息
	大型企业的 11 种不当行为	拒绝接收成果物，延期支付款项，不合理降低分包费用，退货，压价，强迫购买，恶意报复，提前结算成本，使用不便兑现的商业票据，索取不正当的经济利益，要求不合理的整改
公平交易委员会的 12 种实施细则		12 种细则分别为《在集体结算方法用作分包付款手段的情况下的〈分包法〉和〈反垄断法〉的实施》《防止延迟支付分包费的法律实施令》《关于〈分包法〉第 3 条书面说明事项的规则》《根据〈分包法〉第 4-2 条的规定确定延迟利息率的规则》《〈分包法〉第 5 条关于制作和保存文件或电磁记录的规则》《防止〈分包法〉的操作标准》《关于分包商付款的支付方式》《〈反垄断法〉及相关法律法规与提高消费税和征收地方消费税相关的转嫁的相关规定》《关于批量结算方式作为分包费用支付手段时的指导方针》《关于电子记录应收款用作分包付款手段时的〈分包法〉〈反垄断法〉的实施》《电子记录应收款用作分包付款手段时的指导政策》《关于在分包交易中提供电磁记录的注意事项明确》。12 种细则的主要内容：明确界定成果物、交付日期、付款期限和支付方式；明确纸质或电子合同的制作规范，明确合同保存期为合同签署后 2 年；不得强迫分包商中小企业接受电子交易方式，除非其同意，且不得使损害其利益；大型企业应尽可能以现款支付分包费，采用统一结算、汇票及电子记录应收款等方式支付，须经分包中小企业同意且不得损害其利益；商业票据的兑现期限为成果交付后 60 天；延迟支付按年化利率 14.6% 计算利息；大型企业不允许将相当于消费税上调的负担不合理地转嫁给分包中小企业

数据来源：赛迪智库整理，2023 年 5 月

二、公平交易委员会对《分包法》实施有效管辖，纠正分包大型企业的违法行为，保护承包中小企业的正当权益

日本公平交易委员会是直属于日本内阁的反垄断部门，具有独立性、权威性和专业性，其执法程序严谨合理，执法手段高效有力。以处置大型企业对中小企业申告的报复行为为例，日本公平交易委员会的执法成效显著。一是大型企业对中小企业的违法情形绝大部分来自日本公平交易委员会主动、全面的书面调查；二是大型企业对中小企业的报复是《分包法》明文规定的违法情形；三是如果日本公平交易委员会认为存在报复嫌疑，将要求大型企业报告交易情况，并对相关大型企业开展现场调查，违法情形一经确认，将予以罚款并进行公示。根据日本公平交易委员会的年度报告，2021 年涉及大型企业报复的案件只有 12 件，2019 年和 2020 年分别为 1 件和 0 件，这表明《分包法》治理大型企业对中小企业的报复效果很好。日本公平交易委员会的主要情况见表 14-2。

根据日本公平交易委员会的报告，2021 年该委员会调查了 6.5 万家分包大型企业和 30 万家承包中小企业，着手处理了疑似违反《分包法》的案件 8464 件，其中，通过书面调查发现 8369 件，中小企业申告 94 件，日本中小企业厅长官请求处置 1 件；处理了 8100 件，其中指导 7922 件，劝告 4 件，因故搁置 174 件。为 187 家分包大型企业、5625 家承包中小企业挽回经济损失 5.5995 亿日元，其中涉及延迟支付的有 105 家大企业，2970 家中小企业，共计 1.2035 亿日元（约合人民币 588 万元）。《分包法》对分包交易的管控是系统、全面和有效的，并不局限于账款拖欠；从企业数量和金额规模看，日本企业面临的账款拖欠问题处于非常低的水平。

表 14-2　日本公平交易委员会的主要情况

特　点	主　要　情　况
独立性	日本公平交易委员会的委员长由首相征得众参两院同意后任命，其他 4 位委员从日本经济产业省、财务省、法务省等部门推选产生，任期为 5 年，可连任；委员任期内，除非身体不适，宣告破产或者受到刑事处分，即使是首相也不得免去日本公平交易委员会成员的职务；委员不得参加

续表

特　　点	主　要　情　况
独立性	政治活动、不得进行商业性营利活动。日本公平交易委员会在行政上隶属于内阁，但在业务上不接受任何机关的指导；日本公平交易委员会在全国有 7 个分支机构，接受垂直领导，不受地方政府的干预
权威性	日本公平交易委员会具有执行性行政立法权，可根据实际需要出台《分包法》实施相关的细则和解释，且相应的执行且有强制性；具有调查权，在取得法院搜查证的情况下，可以对包括政府机构在内的机构进行现场搜查；具有行政执法权，可以对违反《分包法》的行为发出禁令或处以罚款；具有准司法权，可以审议当事人提出的行政复议要求；具有专属举报权，当事人屡次违反《分包法》的条款且拒不改正时，由日本公平交易委员会向检察机关举报后启动违法行为的刑事程序；具有知情权，包括行政机关在内的团体、企业等违反了《分包法》时，必须将事件经过、改善措施、处罚结果等书面告知公平交易委员会
专业性	日本公平交易委员除了专职人员，还聘请大量律师、经济学家及数据收集等方面的外部专业人员，工作人员近千名，还从政府部门借调相关人员，聘期为 3～5 年
程序性	日本公平交易委员会联合日本中小企业厅查处违法案件有两个途径：面向全国的定期的全面调查；中小企业直接向日本公平交易委员会或日本中小企业厅的调查申请。日本公正交易委员会如认为有必要进一步核查事实，可依据法律赋予的权限，要求大型企业提供相应的资料并实施现场调查，并对确实违反了《分包法》的企业采取处罚措施。日本中小企业厅在接到中小企业调查申请后，经判断有必要进一步调查，可根据法律赋予的权限要求大型企业提供相应材料并开展现场调查，对违法事实轻微者可直接向其提出整改命令，对违法事实严重者可移交日本公平交易委员会处理
有效性	定期实施书面调查和发布调查结果，有效解决了中小企业出于对有交易关系的大型企业的依赖而不敢主动检举的问题，有效地约束了大型企业的违法行为，有利于维护大型企业与中小企业交易关系的长期稳定

数据来源：赛迪智库整理，2023 年 5 月

三、日本中小企业厅主导的公共服务有效支撑了产业链企业的价格转嫁和价值创造，有效规避了交易争议和账款拖欠

与《分包法》相关的公共服务主要由日本中小企业厅组织实施，日本公平交易委员会也起着重要的配合作用。一是通过"分包寺"开展分包交易的咨询、调解和辅导。由日本中小企业厅委托全国中小企业振兴机构协会设立"分包寺"，并由该协会与各都道府县中小企业振兴协会（中小企业支援中心）合作建立了 47 个区域分包咨询服务中心，形成了遍布全国的分包交易服务机构体系。"分包寺"的总部设在全国中小企业振兴机构协会，负责管理全国"分包寺"业务的运行。"分包寺"的基本服务包括为分包交易双方提供免费咨询、为交易纠纷提供调解、对分包交易进行指导。其中，为分包交易双方提供免费咨询，如中小企业遇到迟延支付、原材料暴涨但分包大型企业不接受价格上调、多年的订货关系突然被停止等；此外，分包大型企业如果对于交易中的一些做法是否符合《分包法》规定有疑问也可以咨询。在分包价格、交货日期、付款方式等方面存在争议时，双方均可以向分包咨询服务中心提出调解申请，由分包咨询服务中心委派律师或咨询专家进行调解协商。

二是通过讲习会、研讨班，利用"分包交易合理化促进月"等活动开展普法宣传。讲习会是面向分包大型企业的普法讲座，研讨班是面向承包中小企业经营管理人员的推广会。日本公平交易委员会和日本中小企业厅每年都会举办数 10 场各种各样的讲习会、研讨班，对分包交易相关企业进行《分包法》基本知识的教育；日本公平交易委员会和日本中小企业厅合作，并于每年 11 月和 3 月联合举办"分包交易合理化推进月"，集中一段时间开展《分包法》的宣传教育；日本中小企业厅为各行业逐个制定分包指导方针，内容包括禁止行为解释、违法典型案例分析和执行《分包法》的最佳实践。目前，日本中小企业厅已经先后发布了 16 个行业的指导方针。日本中小企业厅还动员各都道府县中小企业支持机构，以及商会行业协会开展各种讲习会、培训班、发表文章宣传《分包法》。

三是开展分行业的分包交易指导，主要是推广成功的交易案例和便捷的范式合同。通过"自愿行动计划"促成行业分包交易共识的达成，

日本中小企业厅于 2016 年 9 月发布"面向未来的交易实践"一揽子措施。到 2021 年 1 月月底，共有 16 个行业的 49 个组织制定了"自愿行动计划"促进分包交易共识的达成。2020 年，日本召开"类型交易优化促进委员会"推广范式合同，截至 2021 年 10 月，书面调查确认有超过 30000 家大型企业采用了范式合同，日本政府仍不断加大范式合同的示范和推广力度。2021 年，为应对新冠疫情和国际市场变化带来的严峻形势，日本公平交易委员会和日本中小企业厅联合向 1400 个商会/协会发函，要求他们推动会员中的发包商尽快并尽可能以现金支付分包价款，并提出拟于 2026 年完全废止以票据支付分包费的政策。

四是推广电子订货和数字交易，改善交易环境。日本中小企业厅开展中小企业国内外电子订货的实际情况调查，根据政府和行业的相关研究与实践成果制定措施普及电子订货；为使用在线商店、应用商店、数字广告的中小企业设立"数字平台交易咨询窗口"，由专业人士提供免费的交易咨询。

日本分包交易公共服务的目的在于使各企业在价值创造中的贡献得以合理体现，使价格转嫁得以顺利进行，避免交易争议和账款拖欠，最终实现产业链的共存共荣。为保证相关公共服务的顺利实施，日本政府为日本中小企业厅提供充足预算，使日本中小企业厅得以通过政府购买社会化服务，或者通过为官方设立的服务机构的预算资金提供相应公共服务。2019—2022 年日本《分包法》相关政府预算情况见表 14-3。

表 14-3 2019—2022 年日本《分包法》相关政府预算情况（单位：亿日元）

	项　　　目	2019 年	2020 年	2021 年	2022 年	备　　　注
宣传推广	《分包法》	9.6	9.6	9.8	23.0	价格谈判促进月、分包交易优化月、建立伙伴关系宣言、价格谈判
	《分包中小企业促进法》	9.6	9.6	8.0	23.0	
	研讨会	9.6	9.8	8.0	—	2022 年合并到细则修订中
法律实施	《分包法》监督检查	9.6	9.8	8.0	23.0	
	消费税转嫁监督检查	—	—	—	23.0	2022 年新增

续表

项　　目		2019 年	2020 年	2021 年	2022 年	备　　注
改善交易环境	电子订货系统普及	—	—	8.0	—	2021 年新增
	数字交易环境改善	—	—	—	7.1	2022 年新增
	"分包寺"	9.6	9.8		23.0	
自律倡议	《建立伙伴关系宣言》	9.6	—	—		2022 年合并到《分包法》推广

数据来源：赛迪智库整理，2023 年 5 月

四、倡议《建立伙伴关系宣言》（以下简称《宣言》），推动分包大型企业形成自律，与承包中小企业互利共赢协同发展

日本内阁"开拓未来伙伴关系建设推进会事务局"（以下简称"事务局"），制定《宣言》模板、规约和标识，企业经申报并经"事务局"批准，在日本中小企业振兴机构协会门户网站发布宣言，承诺遵守《分包法》的相关规定，致力于纠正损害与中小企业建立互利共赢关系的交易行为，推动整个供应链共存共荣。发表《宣言》的企业有权将《宣言》标识用于企业宣传和公关活动。如果发现发展《宣言》的企业违反承诺，主管大臣将取消其《宣言》企业的资格。《宣言》机制建立于 2021 年 6 月；到 2021 年年底，参加《宣言》的企业已达到 4000 家；到 2022 年 5 月 27 日，参加《宣言》的企业达到 9277 家，进展迅速。该制度虽然刚刚起步，但其在优化分包交易、保护中小企业权益、推进供应链合理转嫁成本、实现产业链合作共赢协同发展等方面的效果显著。根据日本中小企业厅的问卷调查，分包大型企业中有九成以上的企业意识到与供应商协商交易条件非常重要，承包中小企业中有五成企业切实感受到《宣言》的效果。

第三节　典型经验及启示

鉴于《保障中小企业款项支付条例》在解决我国大型企业与中小企业间的账款拖欠问题存在较大困难，建议借鉴日本《分包法》，紧紧围

绕规范交易行为，推进立法和执法机构建设，创新和完善公共服务，倡导企业自律，立足源头治理，建立防范和化解大型企业拖欠中小企业账款的长效机制。

一、通过推进立法和建立独立权威的执法机构，以法治化手段破解市场失灵难题

在我国治理账款拖欠的实践基础上，通过借鉴日本、韩国、英国、德国等成熟市场经济体的经验，推进规范大型企业与中小企业之间委托交易的立法，赋予大型企业更多的义务，重点约束大型企业的不当行为，为治理账款拖欠提供法律依据。推进执法机构建设，借鉴日本的经验，可以通过授权国家反垄断机构管辖大型企业与中小企业之间委托交易相关的法律，保障相关执法机构的独立性、权威性和专业性，提高执法机构执法程序的合理性和执法的有效性。

二、通过创新和完善公共服务支撑大型企业与中小企业之间开展规范的委托交易，实现大中小企业融通发展

通过宣传推广现行防止拖欠的相关法律，为中小企业提供法律援助，提高中小企业使用法律手段维护正当权益的能力；基于各行业大型企业与中小企业间委托交易的特点，推进各行业达成价格合理转嫁的共识，编制和推广范式合同，实现委托交易的便捷性、规范性和高效性；支持公共服务机构提供交易咨询，调解交易纠纷，为中小企业开展价格谈判、合同签署、成果交付、账期管理、票据融资等提供支撑，营造有利于保护中小企业权益的交易环境；发挥数字交易支付、追溯、交付、融资便利的优势，积极推动中小企业使用电子订货系统，完善和推广数字交易。借鉴日本的经验，为支持中小企业解决账款拖欠的各项工作提供相应的财政预算，可以通过政府购买服务，也可以通过为公共服务机构提供预算资金，以实现其对中小企业的高质量服务；严格预算管理，加强预算绩效考核。

三、通过倡导大型企业自律，形成防止拖欠的企业共识，实现产业链合作共赢、协同发展

搭建防止大型企业拖欠账款的自律宣言框架，调动大型企业规范开展委托交易的积极性和自觉性。定期调查和公示大型企业的自律情况，规范相关企业自律宣言标识的使用和宣传，推动自律宣言落地生效。充分发挥自律宣言在优化分包交易方面的作用，保护中小企业权益，推进供应链合理转嫁成本，实现产业链合作共赢、协同发展的积极作用。

展　望　篇

第十五章

主要研究机构观点综述

第一节 综述型

一、联合国

联合国（United Nations，UN）是一个由主权国家组成的政府间国际组织，致力于促进各国在经济发展、社会进步及实现持久的世界和平方面的合作。联合国经济和社会事务部在《2023 年世界经济形势与展望》等系列报告中与中小企业发展有关的代表性观点有：一是 2023 年，全球中小微企业数量占比为 95%，创造了 50%以上的税收、60%以上的GDP 与 70%左右的科技创新，提供了 80%以上的就业岗位，占据了 90%以上的市场主体份额，是产业链、供应链的重要组成部分；二是支持各国制定中小微企业在国家、地区和全球层面恢复能力的政策和战略，是减少新冠疫情对社会经济影响的关键；三是采用更多的公共投资促进新技术，支持中小企业的生产率增长，增加弱势群体的互联网接入和使用率，缩小"数字鸿沟"。宏观方面，地缘政治冲突、高通货膨胀率、气候危机冲击着全球经济。在此背景下，预计全球产出增长将低于预期，从 2022 年的 3%降至 2023 年的 1.9%，这是近几十年来较低的增长率，全球经济放缓波及发达国家和发展中国家。预计 2023 年，美国和欧洲等发达国家和地区继续对家庭和小企业提供电价补贴；与此同时，中国在 2022 年表现弱于预期之后，预计 2023 年经济增长将适度改善。

二、亚太经合组织

亚太经济合作组织（Asia-Pacific Economic Cooperation，APEC，简称"亚太经合组织"），是亚太地区最高级别的政府间经济合作机构。2023 年，APEC 召开了 4 次与中小企业相关的重要会议。一是 2023 年 6 月，"APEC 专精特新中小企业国际合作论坛"在广州举办，来自 11 个 APEC 经济体代表参会，围绕中小微企业"专精特新"发展、产业链供应链互联互通等议题进行了深入的交流和探讨，围绕论坛成果形成了《关于促进企业专精特新发展，增进亚太地区人民福祉》，该成果提交至 APEC 秘书处并获得通过。二是 2023 年 8 月 21 日，第 29 次 APEC 中小企业部长会议在美国西雅图举行，会议主题是"为所有人创造有韧性和可持续的未来"，会议发表了《2023 年亚太经合组织中小企业部长会议主席声明》，各经济体对中方提出的进一步促进中小微企业"专精特新"发展倡议达成共识，主要观点有维护供应链互联互通、推动大中小企业融通创新、加快中小微企业数字化转型、鼓励提供"小快轻准"数字化产品和解决方案等。三是 2023 年 11 月 9 日至 11 日，第十二届 APEC 中小企业技术交流暨展览会（以下简称"APEC 技展会"）在山东省青岛市举办，17 个 APEC 经济体、19 个共建"一带一路"国家代表参会，1621 家中外企业参展，"专精特新"中小企业达 958 家，聚集了 1037 项新科技、新产品，近 6 万人次现场观展参会，中小微企业"专精特新"发展的理念多次被验证、被强化、被认同。四是 2023 年 11 月 16 日至 17 日，APEC 第三十次领导人非正式会议在美国旧金山召开，会议发表了《2023 年亚太经合组织领导人旧金山宣言》（以下简称《宣言》）。《宣言》强调，"必须为中小微企业和初创企业开辟发展道路，包括通过各种机会提高其'专精特新'能力；支持中小微企业拓展区域和全球市场，包括通过融入全球价值链、推动大中小企业融通创新、加快中小微企业数字化转型、鼓励提供'小快轻准'数字化产品和解决方案。"中小微企业"专精特新"发展、推动大中小融通创新、加快中小微企业数字化转型、鼓励提供"小快轻准"数字化产品和解决方案等"中国主张"再次被写入《宣言》。在"你中有我，我中有你"、携手共行、奔流向前的经济全球化背景下，"专精特新"引领中小微企业高质量发展的序幕已经开启。

三、经济合作与发展组织

经济合作与发展组织（Organization for Economic Co-operation and Development，OECD）是由 36 个市场经济国家组成的政府间国际经济组织，旨在共同应对全球化带来的经济、社会和政府治理等方面的挑战，把握全球化带来的机遇。OECD 于 2023 年发布了两个重要报告。一是《与中小企业的沟通和接触——支持中小企业正确纳税》，该报告总结了税务机关可以用来支持中小企业的有效沟通策略，税务机关需要制定更好的沟通和接触策略，税收管理人员需要对中小企业在其生命周期中可能遇到的各种问题有较好的了解；该报告还认为，从纳税遵从角度来看，跨越税收门槛、雇佣员工或开始出口对中小企业来说可能是一个挑战。因此，该报告表示，量身定制的方法可以帮助税务机关选择适当的沟通和接触工具。二是《混合零售时代的中小企业（EN）》，该报告指出，通过在法国、德国、意大利、日本、韩国和西班牙 6 个 OECD 国家进行的一项新颖调查，对数字化提供了新的见解，分析了零售中小企业通过平台进行在线销售的优势和挑战，并特别关注混合型中小企业零售商。该报告认为，数字化引发了主要由中小企业组成的零售业的深刻变革，让更多传统中小企业零售商适应时代可能会开辟新的机会。

四、亚洲开发银行

亚洲开发银行（Asian Development Bank，ADB）简称亚开行或亚行，是联合国亚洲及太平洋经济社会委员会赞助建立的机构，是一个致力于促进亚洲及太平洋地区发展中成员经济和社会发展的区域性政府间金融开发机构。ADB 认为，帮扶中小企业才能支撑全球供应链，主要观点如下。一是供应链融资是金融行业增长最快的一个领域，全球供应链融资总规模已从 2015 年的 3300 亿美元（约合人民币 2.4 万亿元）增长至 2021 年的 1.8 万亿美元（约合人民币 12.8 万亿元），2021 年较 2020 年同比增加 38%。美国历年均在全球供应链融资总量中占据最大份额。2021 年，亚洲和非洲的供应链融资规模涨幅最大，年度增长率分别达到 43% 和 40%，亟须对其状况加深研究。2022 年 10 月，ADB 发布了《深层供应链融资》白皮书，并和金融与贸易银行家协会成立联合工作组。二是供应链融资的形式多种多样，但本质上是利用供应链顶端的企业各种投入的信用和相互依存关系，为处于供应链末端的企业提供融资。通过这种方式，大型企业的供应商能够获得维持运营和寻求扩张所需的现金流，而不必等待大型企业（买家）付款，被动等待不利于企业成长和提高生产效率。三是尽管供应链融资近年来发展迅速，但一级供应商仍是主要受益者；中小企业得不到足够的信贷资金以参与全球贸易，不仅成为其发展路上的"绊脚石"，而且加剧了供应链的脆弱性。为了将融资渠道延伸至供应链下游，需要实施深层供应链融资。深层供应链融资对维持供应链本身的稳定性也非常重要。中小企业的发展有助于推动经济增长和创造就业机会。在亚洲发展中经济体，中小型企业是就业岗位和增长动能的主要贡献者。深层供应链融资不仅可以解决中小企业融资难题，而且可以增加整个供应链的透明度。

第二节　专题型

一、人工智能

随着生成式 AI 迅速渗透多个领域，人工智能正为中小企业开辟全新的机遇，如优化人力资源任务、自动完成客户对话、使内容营销更加准确和提高搜索引擎优化等。全球咨询巨头麦肯锡发布《2023 年 AI 现状：生成式 AI 的爆发之年》报告，主要观点如下。一是虽然不同资历的受访者使用生成式 AI 工具的情况不同，但在技术行业和北美地区工作的受访者使用生成式 AI 工具的频率最高。二是组织机构也在普遍使用生成式 AI 工具。最常使用这些工具的业务职能有产品研发、营销和客户运营。三是人工智能影响了各行各业。科技公司受生成式 AI 的影响最大，以知识为基础的行业（如银行业、医疗业及教育业）也可能受生成式 AI 的影响。相比之下，以制造业为基础的行业（如航空航天、汽车和先进电子产品），受生成式 AI 的影响较小。

二、国际贸易

近年来，国际贸易保护主义有所抬头，贸易政策出现较大的不确定性，加之受新冠疫情的冲击，国际贸易环境日趋恶劣。世界贸易组织（WTO）在《全球贸易数据与展望》等报告中与中小企业发展相关的代表性观点如下。一是 2022 年全球商品和服务贸易额创历史新高，为 31.4 万亿美元（约合人民币 224.1 万亿元），预计 2023 年全球商品贸易量仅增长 1.7%，不出意外的话，2024 年全球贸易量增长将加速至 3.2%。二是 WTO 认为，应建立一个更具包容性的贸易体系，使更多的妇女和小型企业能够参与贸易，并从全球贸易中获得经济利益。三是 WTO 还认识到解决"数字鸿沟"的重要性，以便世界各地的经济体能够抓住数字经济提供的机会。WTO 制定了帮助更多小企业从国际贸易中受益的路线图，举办了第二届小企业冠军大赛，其主题是"帮助小企业向可持续发展转型"。

三、数字化转型

数字技术催生的各类新兴技术工具正在打破人、机、物之间的障碍，不仅解构了中小企业既有的业务模式，并且赋予员工更强的创新能力，不断催生新的、更高效的产品和服务。数字工具的广泛应用正在成为中小企业进行数字化转型的重要推动力。埃森哲在《技术展望 2023》等报告中与中小企业有关的代表性观点包括以下 3 个方面。一是数字镜像和"世界智能"无所不在。新一代商业智能世界在数据、人工智能和数字孪生技术的推动下快速发展。通过布置更多的传感器，并将传感器嵌入实体产品，收集更多的数据信息，再通过处理收集到的信息帮助中小企业优化解决方案。二是充分利用技术的普及性。通过对现有工具进行评估，利用云服务商已经具备将机器人流程自动化等解决方案纳入服务范围的技术优势，在中小企业内部加强技术培训，分析需要加大投资的领域，帮助中小企业实现技术升级。三是突破空间限制，开展柔性协作。利用远程办公手段突破企业的地域限制，打造灵活的组织形态，开发匹配的关键绩效指标，了解员工对远程办公的响应程度和"无界办公"存在的问题，从而实现"无界办公"。

四、技术趋势

技术变化趋势一直是德勤咨询公司长期追踪的重点研究领域。自2010 年起，德勤咨询公司每年发布当年的技术趋势预测报告。德勤在《2023 年技术趋势》等报告中与中小企业有关的代表性观点有以下 4 个方面。一是有形界面、对话式界面和虚拟界面将跨越屏幕，为用户提供沉浸式的互联网体验，具体表现为扩展现实、企业仿真、增强员工体验3 种形式。其中，扩展现实包括面向客户的元宇宙体验，企业仿真即利用数字孪生技术对实物资产进行建模和实验，增强型员工体验涉及招聘、学习等。二是企业正通过通用抽象层和自动化（又称"超云"或"元云"）来实现业务的简单化和可见性。通过跨云服务，企业可以充分利用云的多功能性、弹性、灵活性和可伸缩性。三是现代工程技术是企业发展战略的核心要素。企业不再抢着招聘工程师人才，而是通过创建新的 IT 团队架构和职能，更好地利用已有的人才资源。企业对人才价值、文化契合度和个人能力进行优先级排序，在现有的技能基础上发展了一支专家队伍，从而改善了人才体验，提升了业务成果。四是企业将核心系统与新一代计算技术（如基于图形处理单元的超级计算机）及创新的用户界面连接起来，这为基于云的分析、人工智能和机器学习提供了有前景的新途径。这种核心优化策略给传统 IT 系统注入了新的活力，增强了企业对其计算、数据存储等能力的信任，提升了其计算能力和数据存储的价值。

第十六章

国内政策环境展望

第一节　推进税费减免，降低企业负担

2022 年，为降低中小企业税费成本负担，中央各部门相继出台了系列减税降费措施，取得了较好的成效。减税降费政策如《财政部、税务总局关于进一步加大增值税期末留抵退税政策实施力度的公告》《财政部　税务总局　科技部关于进一步提高科技型中小企业研发费用税前加计扣除比例的公告》。2022 年全年，我国新增减税降费及退税缓税缓费超过 4.2 万亿元，主要包括新增减税降费超过 1 万亿元，其中，新增减税超过 8000 亿元，新增降费超过 2000 亿元；累计退到纳税人账户的增值税留抵退税款 2.46 万亿元，超过上一年办理留抵退税规模的 3.8 倍；办理缓税缓费超过 7500 亿元。分行业看，制造业新增减税降费及退税缓税缓费近 1.5 万亿元，占比约 35%。餐饮、零售、文化旅游、交通运输等服务业，新增减税降费及退税缓税缓费超过 8700 亿元。分企业规模看，小微企业和个体工商户是受益主体，新增减税降费及退税缓税缓费超过 1.7 万亿元，占总规模的比重约为四成；近八成个体工商户在 2022 年无需缴纳税款。此外，税收营商环境进一步优化，市场主体活力增强。国家税务总局对 10 万户重点税源企业调查显示，2022 年，企业每百元营业收入税费负担下降 2.7%，其中，交通运输业、住宿餐饮业分别下降 15.4% 和 14.2%。增值税发票数据显示，2022 年，全国制造业企业销售收入同比增长 4.1%。特别是享受留抵退税政策的制造业

企业购进金额同比增长 8.2%，比没有享受留抵退税政策的制造业企业高 4.5 个百分点。全国高技术产业销售收入同比增长 9.9%，特别是享受留抵退税的高技术产业企业销售收入同比增长 11.5%，比没有享受留抵退税的高技术产业企业高 2.1 个百分点。中小企业税费负担的不断下降，为中小企业应对经济下行压力提供了缓冲，为中小企业加速转型升级进程创造了条件。

2023 年，进一步减税降费仍是促进中小企业发展的主线。中央有关部委继续实施已经明确的减税降费政策，出台了《财政部 税务总局关于增值税小规模纳税人减免增值税政策的公告》《财政部 税务总局关于支持小微企业融资有关税收政策的公告》等多项政策，扎扎实实把该减的税费减到位，进一步增强政策精准性，突出对中小微企业、个体工商户及特困行业的支持，为微观主体发展增动力、添活力。2023 年上半年，月销售额 10 万元以下的小规模纳税人免征增值税政策新增减税 2148 亿元，小规模纳税人征收率由 3% 降至 1%，政策新增减税 822 亿元，小型微利企业减征所得税政策新增减税 793 亿元，继续实施阶段性降低失业保险费率政策新增降费 787 亿元。行业方面，制造业及与之相关的批发零售业占比最高（41%），累计新增减税降费及退税缓费 3818 亿元。企业规模方面，中小微企业受益最明显，新增减税降费及退税缓费 5766 亿元（占比 62%）。在中央系列税费优惠政策的大力支持下，2023 年减税降费系列优惠政策红利将不断释放，中小企业税费成本负担有望持续降低。

第二节　加大金融支持，优化融资环境

2022 年，中小企业"融资难、融资贵"问题有所缓解。国家金融监督管理总局对民营企业的金融支持力度持续加强，持续落实习近平总书记"两个毫不动摇"的工作要求，明确要求各银行机构平等对待各类所有制主体，从建立尽职免责细则、内部考核管理、产品服务创新等多个方面，推动银行对民营企业"敢贷、愿贷、能贷"，对部分暂时存在困难的民营企业，通过设立债权人委员会、开展债转股探索等形式，帮助优质民营企业渡过难关。中国人民银行等六部门联合印发《关于进一

步加大对小微企业贷款延期还本付息支持力度的通知》，强调了小微企业在保障国计民生中的突出地位，要求加大对小微企业的扶持力度，助力经济平稳发展。《2022 年中国银行业服务报告》显示，截至 2022 年年底，银行业金融机构用于小微企业的贷款（包括小微企业贷款、个体工商户贷款和小微企业主贷款）余额达到 59.70 万亿元。其中，单户授信总额 1000 万元及以下的普惠型小微企业贷款余额为 23.60 万亿元，同比增长 23.60%。国有六大银行普惠型小微贷款余额合计为 8.54 万亿元，同比增长了 31.99%，在贡献普惠金融力量方面发挥着明显的"头雁"作用。其中，中国建设银行普惠型小微企业贷款余额规模位居国有六大银行首位，且以 253 万户的有贷客户数量成为拥有普惠型小微企业贷款客户数量最多的国有大型商业银行。

2023 年，提高中小企业金融获得性依然是中小企业扶持政策的重点。2023 年 1 月，国务院促进中小企业发展工作领导小组办公室印发《助力中小微企业稳增长调结构强能力若干措施》，加大对中小微企业的金融支持力度，促进产业链上中小微企业融资，帮助中小微企业应对当前面临的困难，进一步推动稳增长、稳预期，着力促进中小微企业调结构、强能力。2023 年 3 月，财政部和国家税务总局发布《关于小微企业和个体工商户所得税优惠政策的公告》，为从根本上降低企业的运营成本，以及小微企业的健康发展提供了有力支撑。2023 年，小微企业融资成本继续下降，根据中国人民银行数据，2023 年前三季度，全国新发放普惠型小微企业贷款平均利率为 4.8%，较 2022 年下降了 0.4 个百分点。融资效率指数于 2023 年第三季度显著上升，环比提升 18.6 点，达到 203.9 点。总体来看，随着优化中小企业融资环境政策力度不断加大，中小企业"融资难、融资贵"问题有望进一步得到缓解。

第三节 加强国际交流，拓宽合作领域

2022 年，推动中小企业加强国际交流与合作，进一步开拓国际市场取得积极进展。工业和信息化部深入贯彻落实习近平总书记关于推进高水平对外开放和支持中小微企业发展的重要指示批示精神，紧密围绕国家经济外交大局，以促进中小微企业高质量发展为目标，充分发挥中

小微企业发展共识强、涵盖议题广、关联行业多的优势作用，建机制、搭平台、优服务，努力为中小微企业国际化发展营造良好的环境。总体来看，各级中小企业主管部门都在积极推动中小企业开拓国际市场，各地中小企业对外合作渠道日益丰富，对外交流合作取得新成效。外贸主体数量增加，活力增强。截至 2022 年年底，15 个合作区累计签约外商投资项目超过 4300 个，实际使用外资规模达 430 亿美元（约合人民币 3214 亿元），我国有进出口实绩的外贸企业数量为 59.8 万家，同比增长 5.6%。其中，民营企业数量为 51 万家，同比增长 7%；进出口金额为 21.4 万亿元，同比增长 12.9%。一方面，贸易规模占比提升，稳外贸作用显著。民营企业外贸第一大主体地位继续巩固，外贸"稳定器"作用持续发挥。从占比来看，2022 年，民营企业进出口规模占比达到 50.9%，较上年提高了 2.3 个百分点，年度占比首次超过一半，对我国外贸增长贡献率达到 80.8%。另一方面，我国贸易对传统伙伴保持优势，新兴市场开拓有力。2022 年，民营企业对东盟、欧盟、美国前三大贸易伙伴进出口均保持两位数增长，增速分别为 27.6%、12.6%、10.6%，合计占民营企业进出口总值的 43.9%。同期，民营企业对其他金砖国家、拉丁美洲、中亚五国进出口分别增长 22.1%、14.5% 和 55.1%。

2023 年，国家不断提升对外开放水平，支持中小微企业发展，务实推进双/多边中小微企业合作机制，努力为中小微企业国际化发展营造良好的环境。2023 年，工业和信息化部先后建立或参与了 G20、APEC、金砖国家、东盟与中日韩、中国-中东欧国家，以及中欧、中德、中法、中意、中美、中韩、中日等在中小微企业领域的 17 个双边和多边合作机制，对接国家约 50 个，覆盖亚、欧、美、非等大洲，为推进中小企业对外交流合作奠定了良好基础。一是工业和信息化部在美国西雅图召开的第 29 次亚太经合组织中小企业部长会议上提出的进一步促进中小微企业"专精特新"发展、维护供应链互联互通、推动大中小企业融通创新等倡议得到了 APEC 各经济体的一致认同，并成功写入《部长会议主席声明》，成为亚太地区共识。二是中国国际中小企业博览会已成功举办 18 届，先后邀请 19 个国家和国际组织作为主宾方，累计设置标准展位超过 9 万个，中外参展企业超过 5.4 万家，进场客商和观众超过 390 万人次，达成合同及意向金额近 1 万亿元。三是工业和信息化部在全国共批复设立了 15 个中外中小企业合作区，集聚全球技术、人才、资金等创新要素资源，提升中小企业国际竞争力。四是工业和信息化部联合金融机构开展中小企业"跨境撮合"服务，截至 2023 年上半年，已在全球以线上/线下方式举办 550 余场"跨境撮合"对接会，帮助超过 8 万家中外中小企业拓展市场。

未来，我国将继续发挥中小微企业领域双多边合作机制的引领作用，多措并举助力中小企业"走出去"，全力打造一批中外中小企业合作区；搭建对接交流平台，帮助中小企业开拓国际市场。

第四节　完善公共服务，优化发展环境

2022 年，加强中小企业公共服务体系建设取得积极进展。《工业和信息化部等十一部门关于开展"携手行动"促进大中小企业融通创新（2022—2025 年）的通知》，引导国家制造业创新中心、产业创新中心、技术创新中心将促进融通创新纳入工作目标，引导中小企业公共服务示范平台、制造业"双创"平台设立促进大中小企业融通发展的服务产品或项目，加强对融通创新的服务支持。根据工业和信息化部公布的国家中小企业公共服务示范平台（以下简称"示范平台"）名单，2022 年新增 274 家示范平台。工业和信息化部指出，示范平台要不断完善服务功能，增强服务能力，提高服务质量，扩大服务覆盖面，提升中小企业服务满意度；强化中小企业公益性服务，积极承担政府部门委托的各项任务，及时反映中小企业发展面临的困难问题及政策建议，在促进中小企业高质量发展等方面发挥支撑作用。经各推荐单位对有效期内的示范平台检查，11 家示范平台因不再符合《国家中小企业公共服务示范平台认定管理办法》，撤销其称号。2022 年，各地中小企业主管部门、有关全国性协会组织示范平台积极参与"一起益企"中小企业服务行动、"中小企业服务月"等服务活动，每月通过"中小企业服务跟踪平台"及时报送服务中小企业情况。对示范平台服务数量、质量和服务满意度等进行不定期检查，推动更多优质服务直达中小企业。截至 2022 年年底，我国中小微企业数量已经超过 5200 万户，较 2018 年年底增长 51%。2022 年，平均每天新设企业 2.38 万户，该数字是 2018 年的 1.3 倍。中小企

业是数量最大、最具活力的企业群体。同时，优质中小企业不断激发涌现，工业和信息化部已培育近 9000 家专精特新“小巨人”企业，带动地方培育 8 万余家省级“专精特新”中小企业，全国陆续设立国家、省、市、县四级中小企业公共服务机构 1697 家。

2023 年，中央及地方将进一步推动中小企业公共服务体系不断完善，相关政策措施将更加丰富。工业和信息化部印发《关于健全中小企业公共服务体系的指导意见》，提出到 2025 年，各级中小企业公共服务力量得到加强，国家、省级中小企业公共服务机构服务能力与质效明显提升、示范效应明显增强，市、县级中小企业公共服务体系覆盖面稳步扩大、服务能力稳步提升；到 2035 年，与中小企业高质量发展相适应的中小企业公共服务体系更加完备，形成“机构优、平台强、资源多、服务好、满意度高”的中小企业公共服务体系。为落实目标，《关于健全中小企业公共服务体系的指导意见》明确夯实基层基础、突出服务重点、创新服务方式、汇聚服务资源、增强服务能力、提升公共服务影响力、加强服务队伍建设七项任务。工业和信息化部中小企业局于 2023 年 11 月召开部分省（区、市）中小企业公共服务体系工作座谈会，会上解读了《关于健全中小企业公共服务体系的指导意见》。会议指出，要以落实《指导意见》为契机，全面推动中小企业公共服务体系建设，不断夯实基层基础，扩大公共服务覆盖面；突出服务重点，满足企业公共服务需求；创新服务方式，用信息化手段提升服务水平；汇聚服务资源，建设企业和服务数据库；加强服务质量，增强服务能力；创建服务品牌，提升服务影响力；持续提升人员素质，加强服务队伍建设。

未来，中央和地方通过健全中小企业公共服务体系，将推动更多优质服务直达中小企业，促进中小企业高质量发展，为推进新型工业化和中国式现代化做出新的更大贡献。

第五节　推动创新创业，增强发展活力

2022 年，中央及地方出台了大量政策措施，激发创新创业活力，培育专精特新“小巨人”企业。为提升中小企业创新能力和专业化水平，促进中小企业高质量发展，助力实现产业基础高级化和产业链现代化，

工业和信息化部于 2022 年 6 月印发《优质中小企业梯度培育管理暂行办法》，明确优质中小企业是指在产品、技术、管理、模式等方面创新能力强，专注细分市场，成长性好的中小企业，提出构建包含创新型中小企业、"专精特新"中小企业和专精特新"小巨人"企业 3 个层次的优质中小企业梯度培育体系。2022 年 11 月，工业和信息化部发布《中小企业数字化转型指南》，深化数字技术在"研产供销服用"等各环节的应用，有利于发挥数字化赋能、赋值、赋智作用，加速中小企业技术创新、产品升级和模式变革，实现"专精特新"发展。工业和信息化部推动地方继续加强对"专精特新"中小企业的培育和认定，并在国家层面开展专精特新"小巨人"企业的遴选工作，在全国构建多层次的优质中小企业培育体系；2022 年日均新设企业 2.38 万户，中小微企业数量已超过 5200 万户，规模以上工业中小企业经营收入超过 80 万亿元。一大批"专精特新"中小企业脱颖而出，成为中小企业发展的亮点。随着全国各地创新创业工作的持续推进，鼓励创新创业的文化日益深入人心。

2023 年，中央及地方将继续大力推进创新创业政策和"专精特新"政策的贯彻落实，激发中小企业的创业创新活力。2023 年 1 月，国务院促进中小企业发展工作领导小组办公室出台了《助力中小微企业稳增长调结构强能力若干措施》，提出加大对中小微企业的金融支持力度、促进产业链中中小微企业融资，帮助中小微企业应对当前面临的困难，进一步推动稳增长、稳预期，着力促进中小微企业调结构、强能力，健全优质中小企业梯度培育体系，建立优质中小企业梯度培育平台，完善"企业画像"，加强动态管理。工业和信息化部等 11 部门部署开展深入实施大中小企业融通创新"携手行动"，围绕重点产业链举办"百场万企"大中小企业融通创新对接活动，引导大企业向中小企业开放创新资源和应用场景。2023 年，工业和信息化部还将强化政策惠企、服务助企、环境活企、创新强企，深入实施优质企业梯度培育工程，力争全国"专精特新"中小企业数量超过 8 万家，计划培育 100 个左右中小企业特色产业集群，全力推动中小企业高质量发展。在中央的大力倡导下，地方各级政府部门不断出台政策措施，推动创新创业，引导和鼓励中小企业走"专精特新"的发展道路，打造不同层次企业的梯度培育体系，支持大中小企业融通发展，发挥行业龙头企业的引领作用，带动产业链上下游中小企业加快生产恢复与协同创新等。随着中央及地方鼓励创新创业及培育专精特新"小巨人"企业相关政策措施的不断完善和丰富,旨在培育一批数字化平台,推广一批符合中小企业需求的系统解决方案。

　　未来,创业创新市场活力将不断增强,中小企业提升数字转型能力,中小企业网络化和智能化水平不断提升,专精特新"小巨人"企业持续增多。

后　记

　　《2022—2023 年中国中小企业发展蓝皮书》是由中国电子信息产业发展研究院中小企业研究所编撰完成的。本书通过客观描述中小企业发展情况，深入分析中小企业发展环境，系统梳理中小企业面临的突出问题，科学展望中小企业发展前景，为读者提供 2022—2023 年中小企业发展的全景式描述，并通过对中小企业突出问题的专题分析，为读者提供中小企业发展相关重点领域的深度刻画。

　　本书由张小燕担任主编，龙飞任副主编。全书共 16 章，龙飞负责书稿的整体设计和内容把控，彭超负责编写第一章、第二章，陈辰负责编写第三章，巩键负责编写第四章，王也负责编写第五章，房旭平负责编写第六章，陈宇铎负责编写第七章，李毅负责编写第八章，李恺负责编写第九章，王世崇负责编写第十章，张朝负责编写第十一章、第十二章，邓世鑫负责编写第十三章，曹卫云负责编写第十四章，黄喜负责编写第十五章、第十六章，陈宇铎负责编写后记等其他内容。

　　在本书的编撰过程中，工业和信息化部中小企业局给予了精心指导和大力协助，在此对各位领导和专家的帮助表示诚挚的谢意。

　　通过本书的研究，希望为中小企业相关政府主管部门制定决策提供参考，为相关研究人员及中小企业管理者提供相应的基础资料。

反侵权盗版声明

电子工业出版社依法对本作品享有专有出版权。任何未经权利人书面许可，复制、销售或通过信息网络传播本作品的行为，歪曲、篡改、剽窃本作品的行为，均违反《中华人民共和国著作权法》，其行为人应承担相应的民事责任和行政责任，构成犯罪的，将被依法追究刑事责任。

为了维护市场秩序，保护权利人的合法权益，我社将依法查处和打击侵权盗版的单位和个人。欢迎社会各界人士积极举报侵权盗版行为，本社将奖励举报有功人员，并保证举报人的信息不被泄露。

举报电话：（010）88254396；（010）88258888
传　　真：（010）88254397
E-mail：　dbqq@phei.com.cn
通信地址：北京市海淀区万寿路 173 信箱
　　　　　电子工业出版社总编办公室
邮　　编：100036

赛迪智库

面向政府·服务决策

奋力建设国家高端智库

诚信　　担当　　唯实　　创先

思想型智库　国家级平台　全科型团队
创新型机制　国际化品牌

《赛迪专报》《赛迪要报》《赛迪深度研究》《美国产业动态》

《赛迪前瞻》《赛迪译丛》《舆情快报》《国际智库热点追踪》

《产业政策与法规研究》《安全产业研究》《工业经济研究》《财经研究》

《信息化与软件产业研究》《电子信息研究》《网络安全研究》

《材料工业研究》《消费品工业研究》《工业和信息化研究》《科技与标准研究》

《节能与环保研究》《中小企业研究》《工信知识产权研究》

《先进制造业研究》《未来产业研究》《集成电路研究》

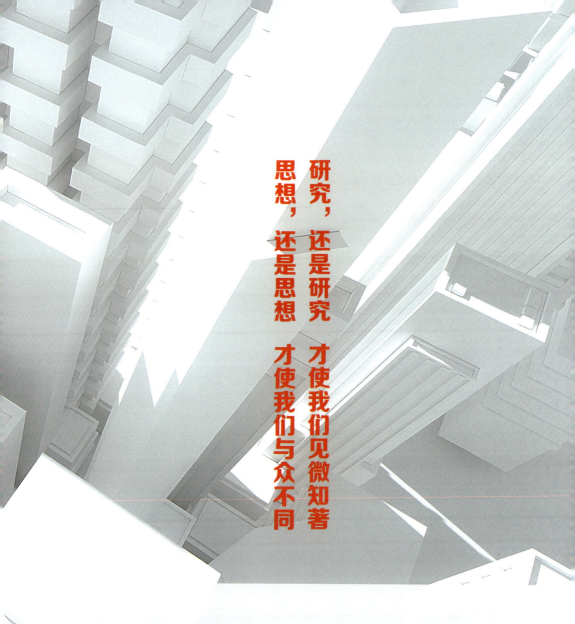

研究，还是研究

思想，还是思想 才使我们见微知著

才使我们与众不同

政策法规研究所　规划研究所　产业政策研究所（先进制造业研究中心）

科技与标准研究所　知识产权研究所　工业经济研究所　中小企业研究所

节能与环保研究所　安全产业研究所　材料工业研究所　消费品工业研究所　军民融合研究所

电子信息研究所　集成电路研究所　信息化与软件产业研究所　网络安全研究所

无线电管理研究所（未来产业研究中心）世界工业研究所（国际合作研究中心）

通讯地址：北京市海淀区万寿路27号院8号楼1201　邮政编码：100846
联系人：王　乐　　　　联系电话：010-68200552　13701083941
传　真：010-68209616
电子邮件：wangle@ccidgroup.com